가짜 뉴스의 비극,
간토대학살

가짜 뉴스의 비극, 간토대학살

2025년 8월 12일 초판 1쇄 발행

글	함영연
그림	배중열
책임편집	문현경
디자인	박정화, 김다솜
마케팅	김선민
관리	장수댁
인쇄	정우피앤피
제책	바다제책
펴낸이	김완중
펴낸곳	내일을여는책
출판등록	1993년 01월 06일(등록번호 제475-9301)
주소	전라북도 장수군 장수읍 송학로 93-9
전화	(063) 353-2289
팩스	(0303) 3440-2289
전자우편	wan-doll@hanmail.net
블로그	blog.naver.com/dddoll
ISBN	978-89-7746-872-6 73810

ⓒ 함영연·배중열, 2025

*이 책의 내용은 저작권법의 보호를 받는 저작물이므로 무단전재와 복제를 금합니다.
*잘못 만들어진 책은 구입처에서 바꿔 드립니다.
*책값은 뒤표지에 있습니다.

어린이제품안전특별법에 의한 제품표시
제조자명 내일을여는책 제조국명 대한민국 사용연령 만 8세 이상 어린이 제품

가짜 뉴스의 비극,
간토대학살

함영연 글 | 배중열 그림

내일을여는책

차례

1. 역사 놀이 — 9
2. 넛전 — 27
3. 낮 11시 58분 — 43
4. 가짜 뉴스 — 54
5. 억지 고자질 — 64
6. 조선인 사냥 — 73
7. 한 걸음 후퇴 — 86
8. 희생자 추모제 — 96
9. 증조할아버지 제삿날 — 108

작가의 말 — 126

1.
역사 놀이

"히로시, 아라카와강에 갈래?"

물끄러미 창밖을 보던 아빠가 산책하러 가자고 했다. 돌아오는 길은 마트에서 장을 보고 오는 순서다. 건축사무소를 운영하는 엄마는 늦게까지 일하는 경우가 많아서 퇴근이 일정하지 않다. 설계 감리 일로 간사이 지방 쪽으로 가면 며칠 집을 비우기도 한다. 이번에 엄마는 독일로 출장을 갔다.

"별로니?"

아빠가 재차 물었다. 여느 때 같으면 어깻바람 내며 따라나섰을 거다. 하지만 오늘은 마음이 무거워 뭉그적거렸다.

"집에 있을게요."

"5학년 되니 아빠와 다니는 게 시시해졌냐?"

"그런 거 아니에요."

"그냥 해 본 말이다."

아빠는 목에 카메라 줄을 걸었다. 도쿄에서 신문 기자를 하다가 요즘은 출퇴근 거리가 가까운 지역신문 기자를 하고 있다. 아빠는 산책하다가 원하는 구도의 배경 사진을 건지면 얼굴에 웃음이 번졌다. 사진 전시회를 열겠다는 포부가 현실로 다가오는 일이라고 흐뭇해했다.

아빠는 웃으면서 나갔지만, 아라카와강 둑에 앉아 일렁이는 물결을 하염없이 보고 있을 거다. 증조할아버지 기일이 있는 9월이 다가오면 생각이 많아지는 아빠였다. 할아버지, 할머니가 캐나다에 살아서 증조할아버지 제사를 아빠가 지내고 있지만 그 이유 때문은 아닌 듯했다.

아라카와강은 일본에서 강폭이 가장 넓으며, 수도의 젖줄이다. 가끔 애니메이션 〈시간을 달리는 소녀〉에 나오는 노을을 보러 오는 관광객도 있다. 내가 사는 도쿄도 이타바시구에서 그리 멀지 않아서 아빠와 강변 공원에서 야구를 하기도 한다. 8월 초에는 불꽃축제를 보러 갔다. 아빠는 불꽃축제 기사를 쓰다가 그날 찍은 내 사진을 몇 번이나 보았다. 엄마가 곁에 있다면 아들 바보라며 웃었을 것이다. 오늘도 내 모습을 멋지게 찍어 줄 텐데, 아쉬움이 물결쳤다. 이게 다 우리 반 타쿠미 때문이다.

"진짜 조센징을 데리고 와!"

타쿠미가 한 말이 귀에 쟁쟁 울렸다.

얼마 전부터 타쿠미는 역사 놀이에 푹 빠져 있다. 수업 시간에 선생님은 메이지 유신을 설명한 뒤, 우리나라 일본이 근대

화되어 가는 과정을 상황극으로 보여 주었다. 교실 앞에서 상황극을 하는 반 아이들을 보면서 역사를 이해하는 데 도움이 되었다.

그런데 타쿠미 패거리들이 그걸 본떠서 역사 놀이를 하고 있다. 중국 사람 역할을 하는 아이는 일본군에 쫓기다가 붙잡혀야 했고, 러시아인 역할 아이는 러일전쟁 포로가 되어야 했다. 마지막에는 대일본 만세를 외치고 마친다. 타쿠미 아빠가 극우 단체에 가입해 있다는 말이 예사로 들리지 않았다. 그러거나 말거나 난 타쿠미 패거리들이 하는 일에 관심이 없었다. 그런데 쉬는 시간에 타쿠미가 말을 걸었다.

"히로시, 우리가 조센징이 만세 부르는 걸 하려고 해. 책만 보지 말고 네가 조센징 해라."

역사 시간에 배운 3.1만세운동을 말하고 있었다. 1919년 3월 1일 조선인들이 우리 일본제국의 지배에서 벗어나려고 태극기를 들고 거리로 나와 만세를 부른 사건이다. 나는 타쿠미 말에 대꾸하지 않았다. 그러자 채근하기까지 했다.

"네가 조센징으로 딱 맞는걸. 우리 대일본에 대항해서 만세 불러 봐."

불쾌해서 타쿠미를 노려보았다.

"아이쿠, 무서워. 지금 보니 히로시가 조센징 같아."

타쿠미 패거리들이 히죽거렸다. 나는 자리에서 벌떡 일어났다.

"너희들, 내가 왜 조센징이냐? 어디가 조센징으로 보이는데?"

"그냥 해 본 말인데, 왜 그래?"

타쿠미 패거리들이 두 손을 들어 방어하는 자세를 해 보였다. 더는 상대하고 싶지 않았다.

"난 역사놀인지 뭔지 관심 없어. 하려면 너희끼리 해!"

퉁명스럽게 말하고 자리에 앉았다. 그렇게 끝날 줄 알았다. 그런데 타쿠미가 미간을 잔뜩 찌푸리더니 말을 툭 던졌다.

"자식, 잘난 척하긴. 싫으면 진짜 조센징을 데리고 와!"

대한이를 두고 하는 말이다. 대한이는 주재원인 아빠를 따라 일본에 온 한국 아이다. 국제학교에 다니지만, 축구클럽에서 친해졌다. 우리 집에서 그리 멀지 않은 주택에 살아서 가끔 만나서 논다. 대한이는 학교 마치고 일본어 스쿨을 다녀서 대화하기도 어렵지 않고, 축구를 좋아하는 공통점이 있어서 금방 친해졌다. 나도 한국말을 할 수 있는 아빠 덕에 한국말을 조금 안다. 그래서 대한이를 만나면 일본말, 한국말을 섞어서 말한다.

　타쿠미는 동네 놀이터에서 대한이와 축구 패스 연습을 하고 있을 때, 말을 건 적이 있다. 그때 대한이가 한국 아이라는 걸 알고는 친구로 지내는 날 부러워하는 눈치였다. 그런데 뭐가 못마땅해서 대한이까지 들먹이는지 알 수 없었다. 내가 잘난 척한다고 하는데, 그건 억지 트집이다. 우리 집 벽에는 '매사에 감사하며 겸손하게 살자.'라는 액자가 걸려 있다. 아빠, 엄마가 늘 내게 해 주는 말이기도 하다.

　조센징은 조선이 일본의 지배를 받을 때, 일본에 왔거나 노동자로 끌려온 사람 중에 일본에 남은 한국인과 그 자손을 말한다. 하지만 타쿠미가 조센징이라고 하는 어감에는 어쩐지 비하하는 느낌이 들었다.

　문득 한국계 학교인 교토국제고가 야구대회에서 우승했을 때가 생각났다. 한신 고시엔 구장에서 경기해서 고시엔 대회라

고도 하는데, 최고 인기 있는 고교야구대회에서 한국계 학교가 우승한 건 처음이었다. 그래서 전국이 놀라움에 들썩였다.

우승한 교토국제고 선수들이 우렁차게 교가를 불렀다. 교가는 한국어였다.

"에또, 저게 문제야, 문제!"

텔레비전을 보던 아빠 얼굴이 벌게졌다. 응원하던 고등학교가 우승하지 못해 그러나 했는데, 그게 아니었다. "동해 건너서 야마토 땅은 거룩한 우리 조상 옛적 꿈자리"라는 한국어로 시작되는 교가가 일본어 자막으로 '동해'를 '동쪽의 바다'로 바꾸고, '한국의 학원'이란 가사도 '한일의 학원'으로 원래 의미와 달리 방송되어서 그랬다는 걸 아빠가 말해 주어서 알게 되었다.

덧붙여서 조선의 해방 뒤에도 일본에 남은 조선인은 불리한 제도, 민족 차별과 싸우며 일본에 산다는 의미의 '자이니치'라

부르며 일본 사회에 자리매김했다고 했다. 대한이는 일본에 사는 한국 사람들을 재일 동포라고 했다.

"아무리 그래도 보도는 공정해야지."

아빠 목소리가 떨렸다.

고교야구대회 뉴스를 보더라도 일본과 한국 관계는 복잡했다. 나는 복잡한 건 딱 질색이다. 그래서 그동안 일본이 어쩌고, 한국이 어쩌고 해도 관심 두지 않았다. 그런 나를 자기 패거리처럼 부리려 하다니!

생각 같아서는 타쿠미와 대거리를 하고 싶었다. 하지만 타쿠미와 사이가 멀어진다면 학교생활이 피곤해질 게 뻔했다. 타쿠미는 패거리를 지어 다니며 아이들을 괴롭혔다. 타쿠미가 오기 전까지 우리 반은 평온했다. 하지만 타쿠미가 전학 온 뒤로 분위기가 달라졌다.

타쿠미가 전학 왔을 때, 따라다니는 말이 무성했다. 전에 다니던 학교에서 하급생에게 지나가는 아이의 돈을 뺏어 오게 시킨 일이 있다고 했고, 폭력을 써서 전학 권고를 받아서 오게 되었다는 말도 돌았다. 그런 타쿠미를 처음엔 경계하더니 어느 순간 자석 끌리듯이 어울리는 애들이 생겼다. 패거리들은 그동안 얼마나 심심했는지를 보여 주기라도 하듯 왁자했다. 타쿠미는 증조할아버지가 3.1만세운동을 일으킨 조선인들을 용감하게 진압한 군인이었다는 걸 자랑스러워했다.

'내가 진짜 조센징이라면 어쩔 뻔했어.'

나는 생각에서 벗어나려고 밖으로 나왔다. 지금이라도 아라카와강에 갈까 하다가 대한이네 집으로 향했다. 대한이가 일본어 스쿨에 갔다가 올 시간이었다. 대한이는 고급반에 올라가게 되었다며 일본어 실력이 느는 건 같이 놀아 준 내 덕이라고 고마워했다. 같이 축구할 때는 내가 일본인이고 대한이가 한국인이라는 생각이 들지 않았다. 그냥 편하게 어울렸다. 그런데 막상 타쿠미가 조센징, 조센징 하니 대한이와 거리를 두어야 하나, 싶었다. 잘 지내다가도 체육대회 때, 청팀 백팀으로 나뉘면 친한 친구도 경쟁팀이 되어 멀어진다는데, 한국인과 일본인을 구분하려는 내 마음이 그랬다.

가는 날이 장날이라고 길에서 타쿠미와 패거리들을 마주쳤다. 패거리들은 이마에 붉은 천을 두르고 막대를 총처럼 들고 행진하고 있었다.

"오오, 히로시. 잘 만났다. 조센징 잡아라!"

타쿠미가 막대로 나를 가리켰다. 패거리들이 후다닥 달려와서 나를 에워쌌다.

"너희들, 뭐 하냐?"

"안 보여? 지금 역사 놀이 하잖아. 네가 조센징 역할 해 주면 딱 맞는데."

타쿠미가 빈정댔다. 화가 치밀었다.

"내가 싫다잖아. 지금 한 행동 사과해."

나는 타쿠미를 똑바로 보고 말했다.

"사과? 툭하면 사과하라는 거 어디서 많이 들어 본 건데."

타쿠미가 가소로워했다.

"조센징, 아니, 한국 사람들이 그러잖아. 위안부 사과해라. 강제징용 사과해라."

패거리들이 맞장구를 쳤다.

"왜 그 말이 나오는데? 길 가는 날 붙잡고 강요하는 너희들 행동을 말하는 거잖아."

나는 기죽지 않으려고 다리에 힘을 주고 버텼다.

"넌 은근히 잘난 척하더라."

타쿠미가 입꼬리를 올리며 이죽거렸다.

"내가 언제 잘난 척했냐?"

궁금했다.

"학교에서도 그렇고 내 말을 안 듣는 게 잘난 척이지 뭐냐? 지금 네가 하는 그 행동 말이야. 따끔한 맛을 봐야 개기지 않지."

타쿠미가 막대로 툭툭 치자, 패거리들도 따라 했다.

"그러지 마. 그러지 말라고!"

얼른 벗어나고 싶었다. 하지만 둘러싸여 있어서 쉽지 않았다.

"야, 조센징 하면서 같이 놀자. 어떠냐?"

타쿠미가 실눈으로 나를 봤다.

"오늘 일, 선도 선생님께 알릴 거야."

"자식, 믿어 주겠냐? 아무도 본 사람이 없는데. 증거가 없잖아. 안 그래?"

타쿠미는 아주 기고만장했다.

"히로시!"

그때 뒤에서 날 부르는 소리가 들렸다. 돌아보니 일본어 스쿨 가방을 멘 대한이가 놀란 표정으로 서 있었다. 반가워서 지금 상황을 잊을 뻔했다.

"넌? 아하! 우리가 찾던 조센징이구나."

타쿠미가 건들거리며 대한이 쪽으로 갔다.

"너희들, 히로시를 괴롭히는 거니? 조센징을 찾는다는 말은 또 뭐냐?"

대한이가 멈칫했다.

"우리가 누굴 괴롭힌다고 그래? 잘 왔다. 히로시가 조센징 안 하겠다니, 네가 대신해 주라."

"그게 뭔 말인지 몰라도 다짜고짜 이러는 게 어딨어?"

대한이가 인상을 썼다.

"아직 분위기를 파악 못 했구나. 우리 놀이에 네가 끼어들었

으니 원망하지 마라. 진짜 조센징을 잡아라!"

타쿠미가 손을 들어 올렸다. 그러자 패거리들이 대한이 쪽으로 움직였다.

"어어, 왜 그래?"

대한이가 손으로 막았다.

"대한아, 뛰어!"

나는 그 틈을 타서 달렸다. 축구를 좋아하는 우리는 달리기

가 빨랐다. 얼마를 달렸을까, 아라카와 강에 와 있었다. 아빠가 아직도 있을지 궁금한 것도 잠시, 강변에 있는 수많은 종이 인형이 눈에 들어왔다. 나무와 연결한 줄에 하얀 옷을 입은 사람 모습의 인형들이 매달려 바람을 탔다.

"대한아, 저거 뭐냐? 으스스해."

"넋전이야."

"넋전?"

"아빠가 알려 줬는데, 죽은 사람의 넋이 저승에 갈 때 노자로 쓰라고 주는 돈을 넋전이라고 해. 또 저기처럼 한지 서너 장을 겹쳐 접어서 사람 모양으로 오린 종이 인형도 넋전이라고 하는데, 우리 한국 전통에서는 죽은 사람을 대신하기도 해. 영혼을 위로해 주기 위해서 걸어 놓은 거야."

대한이 말을 듣고 보니 넋전들이 아우성을 치고 있는 듯했다.

"그렇구나. 어떤 영혼을 위로해야 하는데?"

"사과받고 위로받아야 할 영혼이 많지. 우리나라 대한민국과 일본의 역사에서도 말이야. 아빠가 우리나라를 알리는 민

간 사회기여단체인 반크 회원이라서 역사 이야기를 많이 해 줬어."

순간 또 두 나랏일이냐고 할 뻔했다. 하지만 대한이 앞이라서 말을 꿀꺽 삼켰다.

"난 역사에 별로 관심 없어."

"지금이라도 관심 가져 봐. 9월이 되면 잊지 않고 기억해야 할 일이 있어. 1923년 9월 1일 간토대학살, 우리나라에서는 관동대학살이라고도 하지. 그때 희생된 억울한 영혼들을 위로하기 위해 넋전을 걸고 추모제를 준비하고 있어."

"관동, 간토대학살? 처음 들어 보는데? 간토대지진이 일어난 건 알지만…."

"밝히고 싶지 않은 역사니까 너희 일본 정부가 숨겨서 그러지. 이제부터라도 알았으면 좋겠어."

우리나라 정부를 들먹이는 건 불편했지만 대한이의 진지한 표정에 뭐라고 반박할 수가 없었다.

"알았어. 관심 가질게."

나는 건성으로 대답했다.

"야, 저기 있다. 잡아라!"

타쿠미 패거리들이 쫓아오고 있었다. 함부로 하는 애들과 부딪히고 싶지 않았다.

"대한아, 난 상대하고 싶지 않아."

"나도 마찬가지야. 싸우면 한국 대 일본 국제전이 되잖아."

대한이가 씨익 웃었다. 나는 얼른 타쿠미 패거리들을 피하려고 돌아섰다. 그때 바람에 흔들리던 넋전이 내 얼굴을 감쌌다. 누군가 내 몸을 휘감더니 끌어당겼다. 갑작스러운 일이라 정신이 아득해지고 말도 나오지 않았다. 나는 어두운 터널을 한없이 지나가고 있었다.

2.
넋전

'꿈일 거야. 꿈….'
정신을 놓지 않으려고 안간힘을 썼다. 어두운 터널을 통과한 내 몸이 빙그르르 돌더니 바닥에 쿵 떨어졌다. 놀라서 아픈 줄도 몰랐다. 일어나 엉덩이를 털고 주위를 보았다. 가까이 강이 보였다. 아라카와강이 분명한데, 강 주위는 공사 중이라서 어수선했다. 마치 흑백사진을 보는 듯했다. 게다가 내가 입고 있는 옷도 허름했다.

내 앞에 웬 아저씨가 있었다. 놀라서 뒤로 물러섰다.
"이거 참."
아저씨도 당황스러운 표정이었다. 눈빛이 선해 보였다.
"아저씨는 누구세요? 여긴 어디예요? 제 옷은 왜 이래요?"
주위를 살피던 아저씨 표정이 어두워졌다.
"여기에 오다니…."
"아저씨가 절 데리고 온 건가요? 여기가 어딘데요? 옛날 같아요."

"옛날 맞단다. 저기가 일제 강점기 때, 조선인들이 인간 취급도 받지 못하고 일하던 곳이지."
"네에? 제가 왜 옛날에 와 있는데요? 말도 안 돼요. 돌아갈래요."
나는 발까지 쾅쾅 굴렀다.
"잠시 넋전에 머물러도 억울하고 원통한 건 가시지 않

았어."

"간토대학살로…."

대한이가 해 준 말이 떠올라서 말하다가 손으로 입을 막았다.

"알고 있구나. 한국도 일본도 모두 우리가 겪은 끔찍한 일을 역사에서 지워 버리려고 해서 화가 치솟았지. 그때 누군가와 부딪혔는데, 이곳에 오게 되었어."

"저는 누군가 제 얼굴을 감쌌는데요. 아저씨가 설마…. 아라카와강 가에 걸려 있는 종이 인형, 넋전은 아니죠? 그런 건 아니죠?"

나도 모르게 목소리가 높아졌다. 아저씨는 넋전에 실린 혼령이라는 걸 부정하지 않았다. 몸이 오싹했다. 지금 내가 혼령과 같이 있다니!

"친구 대한이와 도망치고 있었어요. 빨리 가야 해요."

넋전 아저씨는 말없이 강 쪽으로 갔다. 발이 땅에 닿지 않았다. 아저씨는 강이 잘 보이는 자리에 앉았다. 나도 아저씨와 나란히 앉았다.

"여기 온 이유가 분명히 있을 거야. 그걸 알면 돌아갈 수 있을 텐데…."

넋전 아저씨도 안타까워했다.

"정말요? 빨리 생각해 보세요."

마음이 급했다.

"나야 억울함이 깊어서 온 거 같고, 네가 온 이유를 찾아야 해. 그러면 돌아갈 수 있어. 내가 아는 건 이 정도란다."

넋전 아저씨가 미안한 표정을 지었다.

"아저씨가 모르면 어떡해요? 빨리 돌아가게 해 주세요."

그 상황에서 내가 할 수 있는 게 없어서 답답했다.

"히로시, 히로시!"

누군가 내 이름을 불렀다. 소리 나는 쪽을 보니 머리에 수건을 두른 아줌마가 손을 휘저으며 오고 있었다. 내 이름을 어떻게 알지 싶었다. 나는 자리에서 엉거주춤 일어섰다.

"거기서 뭐 하냐? 고양이 손이라도 빌리고 싶은데, 어서 가자."

아줌마가 내 손을 잡았다.

"왜 그러세요?"

"할 일이 밀려 있는데 꾀부리면 어쩌냐. 알아서 밥값은 해야지."

아줌마가 끌다시피 했다. 무슨 상황인지 알 수 없었다. 가지

 않으려고 엉덩이를 빼자, 손아귀에 힘을 주었다. 손에서 따스함이 전해졌다. 넋전 아저씨는 말리지 않고 도리어 따라오고 있었다. 아줌마는 넋전 아저씨가 보이지 않는 듯했다.

 아줌마와 같이 간 곳은 공사장 인부들 밥을 해 주는 함바 식당이었다. 아줌마는 식당뿐 아니라 식당 안에 있는 다다미방을 공사장에서 일하는 노동자들의 숙소로 운영하고 있었다. 아줌마 말을 들어 보면 떠돌이인 나를 데려다가 먹여 주고 보살펴 주고 있다고 했다. 내가 마을에서 구걸하며 지냈다니 머리가 어찔했다.

식당이 있는 마을은 꽤 컸다. 아빠 사진첩에서 마을의 옛 모습을 흑백사진으로 본 것이 기억났다. 아라카와강을 포함해 공사하는 곳이 많아서 마을에 들어온 사람들이 많아 보였다. 집은 거의 목조주택이었다. 유카타를 입은 사람들, 기모노를 입은 사람들이 지나가는 게 보였다.

'정신 차리자. 호랑이 굴에 들어가도 정신만 차리면 살아난다고 했어.'

나는 심호흡을 했다.

"이거 공사장 사무실에 배달하고 와라. 게으름 피울 생각은 아예 접어."

아줌마가 나무통을 건네주며 아라카와강을 가리켰다. 나는 어쩔 수 없이 나무통을 들고 갔다. 내 뒤로 넛전 아저씨가 오고 있었다.

"이게 뭐예요? 다 아저씨 때문이에요. 빨리 돌아가는 방법을 찾아보세요. 빨리요!"

영영 이곳에서 살아야 하는 게 아닌지 불안했다.

"그래그래, 알았다."

넋전 아저씨 목소리가 웅웅 퍼졌다.

아라카와강은 홍수 유입을 막기 위해 수문 공사를 하고 있었다. 가까이 갈수록 아빠와 같이 산책하거나 야구하던 잘 정돈된 강변 모습이 아니었다. 아라카와강에는 빨간 수문과 파란 수문이 있다. 구 이와부치 수문인 빨간 수문은 1916년부터 1924년까지 8년에 걸쳐 건설되었다고 아빠가 말해 주었다. 지금 그 공사를 하는 걸로 보였다.

"저기 공사하는 많은 조선인 노동자가 간토대학살 때 억울하게 희생되었단다."

공사 현장을 보는 넋전 아저씨 표정이 슬퍼 보였다. 안타까워서 무슨 말을 해야 하나 생각하는데, 현장 사무실이 보였다.

"시킨 지 언젠데 지금 오냐. 엉?"

들어가자마자 팔에 반장 완장을 찬 아저씨가 소리쳤다. 무서워서 넋전 아저씨를 보았다. 아저씨가 속삭였다.

"돌아갈 방법을 찾을 때까진 지내야 해. 내가 보이지 않더라도 곁에 있다고 생각하고 불안해하지 마."

"사람들에겐 안 보여도 저에게는 보여야 해요. 지금처럼요."

아저씨가 손을 입술에 갖다 댔다.

"녀석, 버릇없게 뭐라는 거냐?"

반장 아저씨가 소리쳤다. 너무 놀라서 오줌을 지릴 뻔했다.

"아무것도 아니에요. 다음부터는 일찍 올게요."

"그동안 참하게 배달해서 봐준다."

반장 아저씨가 나무통에서 도시락을 꺼냈다. 가끔 내가 배달을 한 것 같았다. 사무실을 나왔다. 노동자들이 분주하게 일하고 있었다. 낯익은 아저씨가 눈에 들어왔다.

'어, 넋진 아저씨인데?'

옆을 보았다. 넋전 아저씨가 보이지 않았다. 나는 돌벽을 쌓고 있는 아저씨 곁으로 갔다. 얼굴이 온통 땀범벅이었다. 나는 목소리를 낮춰 말했다.

"어떻게 된 거예요?"

"뭘 말이냐? 일하는 데 방해하지 말고 어서 가 봐라."

아저씨가 손을 저었다.

"저와 같이 이곳으로 왔잖아요."

"웬 장난이니? 일해야 하니 어서 가."

아저씨가 불안한 눈빛으로 땀을 닦았다. 언제 왔는지 도끼눈을 한 작업반장이 채찍을 내려쳤다.

"조센징 빠가야로! 어디서 농땡이를 부려? 어서 일햇!"

아저씨는 신음도 못 하고 돌을 날랐다. 나는 바보라고 욕하며 때리는 모습이 놀랍고 무서워서 뒷걸음치다가 함바식당으로 뛰었다. 숨이 턱까지 찼다.

"잘 갔다 왔냐? 웬 숨은 그리 헐떡이냐? 숨 좀 고르고 이걸 까라."

아줌마가 양파 자루를 던져 주었다. 분명 넋전 아저씨였는데, 무슨 일인지 알 수 없었다.

아줌마네 식당은 밖에도 천막이 쳐져 있고 탁자가 놓여 있었다. 많은 노동자가 와서 식사하는 듯했다. 목이 말라서 식당 안으로 물을 먹으러 갔다. 주방 아줌마들이 요리하느라 분주했다.

저녁 시간이 되자, 노동자 아저씨들이 몰려왔다. 주방 아줌마들은 저녁 음식을 배식대에 갖다 놓고 배식한 뒤 집으로 갔다. 나는 아저씨들 사이를 두리번거렸다.

"날 찾는 거냐?"

낮에 본 아저씨가 식판을 들고 말을 건넸다.

"네. 아까 많이 아프셨죠? 죄송해요. 괜히 말을 걸었어요. 제가 아는 아저씨와 너무 닮아서 놀랐어요."

나는 넋전 아저씨가 어디 있는지 궁금했다. 갈 데가 있어서 갔다면 어서 돌아오길 바랐다.

"같이 생활하면서도 모르는 척해서 놀랐잖아."

아저씨가 푸근하게 웃었다. 유난히 이가 가지런했다. 나는 그 말조차 무슨 말인지 알 수 없었다. 노동자 아저씨들은 서둘러 밥을 먹고 남은 일을 하러 자리를 떴다.

잠시 뒤에 웬 남자 둘이 거드름을 한껏 피우며 들어왔다. 아줌마네 식당은 노동자뿐만 아니라 일반인들도 손님으로 왔다.

"나카무라상 오셨어요?"

아줌마가 인사했다.

"음식이 맛있다고 소문이 쫙 나서 이곳만 장사가 잘되는 것 같소이다."

"저야 내 식구 먹인다는 마음으로 하고 있지만 맛있게 먹어 주니 고맙지요, 뭐."

아줌마가 엽차를 테이블에 가져다 놓았다.

"요즘 조선인 노동자들이 몰려와서 우리 일본 사람들 일자리가 줄어들고 있단 말이야. 흠."

남자는 앉자마자 불평했다.

"맞소이다. 조센징들이 늘어나니 요구사항도 많고 그러다 언제 불만이 터질지 모릅니다."

다른 남자가 맞장구를 쳤다.

"요시오상, 걱정이 많으시네요. 일본까지 와서 저 험한 일을 겨우 몇 푼 받고 하는 게 안쓰럽지 않나요?"

아줌마가 아라카와강 쪽을 보며 말했다.

"그런 생각이 위험하오."

나카무라가 손가락으로 아줌마를 가리키며 비난했다.

"아휴, 그런 말은 그만하시고 뭘 드시겠어요?"

아줌마가 말을 돌렸다. 남자 둘은 정종을 시켜서 마시며 이야기를 나눴다.

"나는 3.1만세폭동을 진압했소. 손에 태극기를 들고 떼거리로 외치는데 무서웠소. 하지만 우리 대일본을 이길 수 없는 일! 입을 틀어막고 왔소이다. 음하하하!"

나카무라 어깨에 힘이 잔뜩 들어가 있었다. 타쿠미가 자랑하던 증조할아버지가 생각났다.

"당연하지요. 우리 대일본을 넘보는 자는 가만둘 수 없죠."

둘은 한참 영웅담을 늘어놓더니 돌아갔다.

식당 방을 숙소로 사용하는 조선인 노동자 아저씨들이 왔다. 모두 아홉 명이었다. 대부분 조선인 노동자는 근방 판잣집에서 생활한다고 했다.

"어, 아저씨는?"

낮에 만난 아저씨도 일을 끝내고 돌아와 있었다. 그 아저씨도 식당 방에서 생활하고 있었다. 나는 그 아저씨 그리고 박형이라고 부르는 아저씨와 방을 같이 쓰고 있었다.

'그래서 아까 같이 생활하고 있다고 한 거구나.'

그제야 저녁을 먹으면서 한 말이 이해되었다. 금세 가운데 방과 끝방에서 코 고는 소리가 들렸다. 하지만 나와 방을 같이 쓰는 두 아저씨는 잠들지 못하고 뒤척였다.

"오늘은 얌전하네. 내가 살던 곳 얘기해 달라고 했잖아."

낮에 공사장에서 본 아저씨가 말을 건넸다.

"아, 제가 …."

기억에 없어서 말끝을 흐렸다. 나 때문에 채찍으로 맞은 걸 생각하면 아직도 심장이 벌렁거렸다.

"오늘은 더욱 그립구나. 난 조선에서 왔어. 창녕에서 땅 몇 뙈기에 농사짓고 살았는데, 일제가 무슨 땅 조사를 한다고 하더니 갑자기 내 땅에서 나를 내쫓더구나. 내가 토지 신고를 안 했대. 나처럼 글을 모르던 농민들은 하루아침에 자기 땅을 빼앗겼어. 내 땅은 고을 지주 놈의 손에 들어갔지. 농사꾼들이 죄다 소작농이 되니까 지주 놈이 어찌나 소작료를 올리던지. 다른 일자리를 구할 수도 없고, 더는 먹고살 수가 없었어. 견디다 못해 돈을 벌러 일본으로 왔단다."

아저씨가 일제 식민지 정책인 토지조사사업을 말하는 듯했다. 목소리에 허탈함이 묻어났다.

나는 그때부터 아저씨를 창녕 아저씨라고 불렀다.

"혼례를 올린 지 얼마 안 됐다고 하던데, 무척 보고 싶겠네. 나도 자나 깨나 가족들이 있는 고향에 가고 싶다네."

박형이라고 부르는 아저씨도 이야기에 합세했다.

"다행히 함바 아주머니가 가족처럼 대해 주시니 고맙기 그지없어요."

창녕 아저씨가 말했다. 아내를 두고 온 창녕 아저씨와 고향을 그리워하는 박형 아저씨의 애달픔이 절절히 느껴졌다.

"아저씨들, 돈 많이 벌어서 꼭 고향에 가셔요."

"당연히 그러고 싶지. 그런데 우리 조선 사람들은 품삯이 적단다. 품삯을 많이 줘야 하는 일본 사람들 대신 우리 조선 사람들을 쓰는 거라서 열심히 일해도 돈을 모으기 힘들어."

창녕 아저씨가 절망스러워했다. 낮에 함바식당에 온 나카무라와 요시오는 조선인 노동자들이 몰려와서 일본인들 일자리를 빼앗는다고 했다. 조선 아저씨 말을 들으니, 품삯을 적게 주고 일을 시키고는 덤터기를 씌운 거였다.

"너도 부모님을 찾아서 집에 돌아가야지. 왜 다른 기억은 멀쩡한데, 부모님과 살았던 곳은 기억하지 못하는지 안타깝구나."

박형 아저씨가 내 처지를 알려 주었다. 내가 이곳에서 탈출해야 부모님을 만난다는 걸 아저씨들은 알 리 없다. 창녕 아저씨가 나지막하게 노래를 불렀다.

"아리랑 아리랑 아라리요. 아리랑 고개를 넘어간다. 나를 버리고 가시는 임은 십 리도 못 가서 발병 난다…."

　박형 아저씨도 흥얼흥얼 따라 불렀다. 쓸쓸하고 구슬퍼서 나도 밤의 꼬리를 잡고 따라 불렀다.

　"아리랑 아리랑 아라리요, 아리랑 고개를 넘어간다…."

낮 11시 58분

주방에서 달그락거리는 그릇 소리에 눈을 떴다. 이른 시간인데도 숙소 아저씨들은 일하러 갈 준비를 하고 있었다.

나는 꾸물댈 겨를도 없이 나가서 아저씨들이 사용할 식판을 배식대로 날랐다.

"고맙구나."

창녕 아저씨가 머리를 쓰다듬어 주었다. 손길이 따스했다. 박형 아저씨도 반갑게 웃어 주었다.

"안녕히 다녀오세요."

밥을 서둘러 먹고 작업하러 가는 아저씨들에게 손을 흔들었다. 나란히 걸어가는 창녕 아저씨와 박형 아저씨는 서로 의지

하고 지내는 형제 같았다. 나는 조선에서 낯선 일본으로 온 아저씨들이 돈을 많이 벌어서 가족이 기다리는 고향으로 갈 수 있기를 바랐다.

아라카와강 공사장에는 조선에서 온 노동자들이 많았다. 그들 모두 고향으로 가는 날이 오면 좋겠다고 생각했다. 나 또한 얼른 현실로 돌아가고 싶었다.

'조선 아저씨들을 만난 게 내가 온 이유와 관련이 있을까? 빨리 이유를 찾아야 해. 넛전 아저씨는 어디 간 걸까?'

홀로 있다는 생각에 두려움이 엄습했다. 내가 알기로는 조선, 지금의 대한민국은 1945년 8월 15일 독립했다.

시간은 금방 흘러 벌써 점심시간이 다가오고 있었다. 밖에 놓은 탁자 사이로 쥐들이 달아나고 있었다. 어딘가 숨어 있다가 먹을 게 있으면 용케 알고 달려와 갉아 먹는 쥐들이었는데, 까만 눈을 또록이며 달아나는 게 이상했다. 하늘에는 무슨 조화인지 새 떼들이 까맣게 날아가고 있었다.

아줌마가 식당 밖으로 고개를 내밀고 앞치마를 털었다.

"이제 9월이니 더위도 한풀 꺾이겠지."

"아줌마, 오늘이 9월이에요?"

"그렇지. 다이쇼 12년 9월 1일."

아줌마가 목에 두른 수건으로 이마에 맺힌 땀을 닦았다. 다이쇼 천황이 1912년에 즉위했으니 다이쇼 12년이면 1923년이다. 내가 사는 현대는 레이와 연호를 쓴다. 다이쇼 12년 9월 1일에 진도 7.9의 간토대지진이 일어났다고 배웠다.

"아줌마, 부엌에 불 끄세요. 어서요!"

다급하게 말했다.

"무슨 일로 그러냐? 어서 탁자 닦고 식판 가져다 놔."

아줌마가 뜬금없다는 표정으로 나를 보았다.

"어서 불을 꺼야 해요. 어서요!"

"음식은 다 만들어서 불은 쓰지 않는데, 왜 그러냐?"

아줌마 말대로 주방 아줌마들은 노동자들이 점심을 먹을 수 있게 음식을 배식대로 나르고 있었다. 그러는 사이 시간은 정오를 향하고 있었다. 11시 58분! 식당 선반이 흔들리고 그릇들이 와르르 쏟아졌다.

이어서 식당 건물이 흔들리더니 창 유리가 와장창 깨졌다.

"지진이다, 지진! 이를 어쩌냐?"

아줌마와 주방 아줌마들이 정신없이 뛰쳐나왔다. 아줌마는 떨어지는 유리창 파편을 피하게 하려고 나를 밀치고 넘어졌다.

"아줌마, 괜찮으세요?"

"나는 괜찮다."

아줌마가 일어나서 내 손을 잡고 식당 건물에서 멀찍한 곳으로 갔다. 마을에 불길이 솟았다. 목조주택에 붙은 불길은 걷잡을 수 없었다. 무너지는 건물과 집을 태우는 불길을 보며 사람들은 공포에 휩싸였다. 이번 강진은 요코하마 앞바다 사가미만이 진원지로 도쿄와 간토 일대에 발생했다고 했다. 불행 중 다행으로 아줌마네 식당은 불이 나지 않았다.

"알립니다. 주민들은 다들 소학교 운동장으로 대피하시길 바랍니다."

확성기에서 소리가 들렸다. 나는 아줌마를 따라 소학교로 갔다. 노동자들도 일하지 못하고 모여 있었다. 팔을 수건으로 감싸고 있는 창녕 아저씨가 보였다. 수건에 피가 묻어 있었다.

"아저씨, 다치셨어요?"

"작업하는데 철책이 넘어져서 다쳤어."

아저씨가 쓰라린지 입술을 꽉 물었다. 조선에서 온 노동자들이 삼삼오오 모여 불안한 눈길을 하고 있었다.

"점심 준비하는 시간에 지진이 나서 불난 곳이 많아."

사람들이 공포로 떨었다. 전해지는 소식은 도쿄도를 비롯해 간토 지역 일대도 집들이 불에 타고 있다고 했다. 마을은 검은 연기로 가득했다. 강풍으로 길거리에는 넘어진 전신주와 끊어진 전선 등으로 아수라장이었다. 치안과 복구를 위해 온 경찰과 군대가 구분되지 않을 정도로 혼란스러웠다.

"아이고, 집 잃고 사람 잃고 이제 어떻게 살아요?"

"살길이 막막하네요."

사람들은 절망으로 울부짖었다.

"나라에서는 빠르게 대책을 세우지 않고 뭐 하나 모르겠구먼."

"다들 몰려가야 정신을 차릴 것 같소이다."

일본 정부에 대한 불만은 조금만 건드려도 폭발할 것 같은 위급한 상태였다.

그때였다.

"이게 다 조센징 때문이야!"

누군가 바닥에 침을 뱉었다. 아줌마네 식당에서 본 나카무라였다. 사람들 시선이 조선인 노동자 쪽으로 쏠렸다. 박형 아저씨가 항변하려는 표정을 보이자, 창녕 아저씨가 팔을 잡고 눈으로 말렸다. 거기서 말해 봤자, 공격당할 게 뻔했다.

"무슨 그런 말을 해요? 지진 때문이잖아요. 벌받을 소리 하지 말아요."

아줌마가 손을 저었다.

"조센징을 상대로 식당을 하니 감싸고 나서는 모양인데, 조센징들이 저주를 퍼부어서 벌어진 일이오."

당시 일행이었던 요시오도 맞장구를 쳤다. 참으로 억지스러웠다. 아줌마는 말이 안 통하자, 이후 입을 꾹 다물고 있다가 식당으로 왔다. 식당 건물도 금이 가고 벽 한쪽이 무너져 있었다.

"바닥을 치우면 음식은 만들 수 있겠어."

아줌마는 앞치마를 입고 주방에 뒹구는 그릇들을 치웠다.

조선 노동자 아저씨들도 숙소로 왔다. 지지대들이 무너져서 당분간 공사를 할 수 없다고 했다. 아저씨들은 지진이 나서 어쩔 수 없다고 하면서도 숙박비와 식비를 걱정했다.

"진정되면 곧 공사를 다시 시작할 테니 너무 걱정하지 말아요."

아줌마는 아저씨들을 안심시키고 서둘러 요기할 걸 챙겼다. 식은 밥을 먹이는 게 미안한지 밖에다 솥을 걸고 된장을 풀어 국을 끓였다. 그리고 단무지를 썰어 내놓았다. 간단히 요기를 마치고 일어서는데, 식자재 배달 할아범이 왔다. 보통 아들과 같이하지만 아줌마네 식당 배달은 꼭 할아범이 온다고 했다.

"아이구, 할아범. 이 정황에 어떻게 오셨어요?"

아줌마가 놀라워했다.

"천재지변이지만 먹고 살아야 하잖아요. 남아 있는 채소 조금 가져왔어요."

할아범이 들고 있는 채소는 보기에도 볼품이 없었다. 아줌마는 그거라도 무척 고마워했다. 채소를 건넨 할아범이 주위를 살피며 낮은 목소리로 말했다.

"조선인이 불을 지르고, 우물에 독을 탔대요. 조선인들이 독이 든 만두를 나눠 주고 있다고 하구요. 조선인이 여성을 습격한대요."

"아이고, 지진 난 지 얼마나 됐다고 그래요? 지진 피해로 다들 정신없으니 헛소리하고 그러네요."

아줌마가 손을 내저었다.

"도쿄와 요코하마 지역에는 벌써 소문이 다 퍼졌어요. 곧 조선인 사냥이 시작될 거요."

식자재 할아범은 말하다가 조선인 아저

씨를 보더니 성급히 가 버렸다.

창녕 아저씨와 박형 아저씨 얼굴이 새파래졌다.

"그러지 않아도 우릴 무시하고 함부로 대하는데, 저런 헛소문까지 도니 큰일이군."

"그러게 말이야. 걱정이네."

아줌마가 불안해하는 조선 아저씨들을 다독였다.

"말도 안 되는 소문이니 걱정하지 말아요. 내가 본 조선인들은 과묵하고 책임감 있고 선량해요."

"불안한 시절에 믿어 주시니 고맙습니다."

아저씨들이 고개를 숙였다.

"사실을 말한 건데 인사를 받네요. 헛소리한 사람들도 부끄러워할 거예요."

아줌마가 다정한 눈길을 주었다. 내가 본 조선 아저씨들은 고향을 그리워하고 가족들을 보고 싶어 하고 성실하게 일하는 사람들이었다. 그런 조선인을 깡그리 몰아서 나쁜 사람 취급하는 건 이해할 수 없었다.

"집을 좀 손봐야겠어요."

조선 아저씨들은 부탁하지 않아도 알아서 식당 건물을 수리

했다.

"아이고, 이리도 고마울 데가 있나."

아줌마가 몇 번이나 고개를 숙였다. 나는 잔심부름이라도 하려고 아저씨들 곁에 있었다.

"히로시, 너는 어떻게 지진 날 줄 알고 불을 끄라고 했냐?"

아줌마가 물었다.

"쥐들이 달아나는 게 이상했어요. 하늘을 덮은 새들도요."

나는 역사 시간에 간토대지진이 일어난 걸 배워서 안다고 말하지 않았다.

"기특하구나. 에고, 앞으로 어떤 일이 일어날지 모르니 불안하네."

나는 간토대지진이 일어났다는 것만 아는 터라, 역사에 관심 없이 지낸 것이 후회되었다.

다음 날, 야마모토 곤베 내각은 도쿄도와 가나가와현에 계엄령을 선포했다. 게다가 불안에 떨며 무능한 정부를 욕하는 민심을 다른 데로 돌리기 위해 일본 군인과 경찰은 조선인 폭동설을 조직적으로 퍼뜨렸다. 식자재 할아범이 전해 준 대로 유언비어는 지진이 나고 세 시간이 지나서부터 퍼지기 시작했다. 경찰과 행정을 담당하는 내무성은 유언비어를 잠재울 생각은 않고, 도리어 이튿날, 9월 2일 오후에 해군 무선송신소에서 전국 경찰서에 전보를 쳤다.

> 알린다! 조선인들이 각지에 불을 지르고 폭탄을 지니고 있다.

계엄군은 거리에 전단을 뿌렸다.

"조센징을 조심하라! 불평하고 제멋대로 행동하는 불령선인을 조심하라!"

경찰은 오토바이를 타고 다니며 외쳤다.

"조센징이 쳐들어오니 여자와 어린이는 안전한 곳으로 피신하시오."

헛소문은 진실인 양 퍼져 나갔다.

4. 가짜 뉴스

 마을 공터로 모이라는 전갈이 왔다. 나는 아줌마를 따라갔다. 공터에는 마을 사람들이 모여 있었다.
 "조센징은 불만을 품고 마음대로 행동하는 불령선인입니다. 우리 마을을 스스로 지킵시다!"
 "당연히 그래야지요. 정부에서 전보가 왔다지 않습니까? 조센징들이 우물에 독약을 타고, 몸에 폭약을 가지고 다닌다고 합니다. 가만있으면 조선 놈들에게 우리가 죽임을 당할 겁니다."
 나카무라와 요시오 두 남자가 마을 사람들을 모아 놓고 으름장을 놓았다. 모두 얼굴이 질려 있었다. 러일전쟁 때와 조선의 3.1만세운동 때 일본군이 얼마나 많은 사람을 죽였는지 으

스대던 남자들이었다.

 마을 사람들은 불령선인으로부터 마을을 지키기 위해서 자경단을 결성했다. 집마다 한 명은 낮이고 밤이고 보초를 서야 했다. 자경단원은 죽창, 몽둥이, 도끼, 갈고리, 일본 칼과 총으로 무장했다. 보기만 해도 살벌했다. 아줌마는 불편한 표정이었으나, 침묵했다. 그 분위기에서 뭐라고 말하는 게 쉽지 않아 보였다.

 식당으로 돌아온 아줌마가 한숨을 몰아쉬었다. 아줌마는 조선 아저씨들을 밖에 나오지 말고 숙소에 있게 했다.

"앞으로 어떤 일이 벌어질지 걱정이다."

"말만 들어도 무서웠어요."

나는 몸을 웅크렸다. 아줌마가 생각에 잠기더니 조심스럽게 말했다.

"한 명은 보초를 서야 한다고 하니 네가 해라. 너는 조선인에게 피해를 주지 않을 것 같으니 부탁해. 그럴 리도 없지만, 조선인은 널 해치거나 공격하지 않을 거다. 내가 안다."

"그럴게요."

나는 겁이 났지만, 고개를 끄덕였다. 무섭고 불안해서 숨을 쉴 수 없었다.

나는 보초를 서는 사이사이 아줌마를 도왔다. 밖에 있는 탁자 먼지도 닦았다. 넛전 아저씨는 왜 모습을 보이지 않는 걸까. 얼른 이 무서운 곳에서 벗어나기 위해 넛전 아저씨를 찾아야 한다. 아라카와강으로 갔다. 그곳에도 무장한 자경단원이 다리를 지키고 있었다.

"읍!"

나는 아라카와강 둑을 보다가 입을 막았다. 강둑에 시체가 널브러져 있었다. 죽창에 찔리고 몽둥이로 맞고, 칼에 베여 벌

건 피가 아직 굳지 않은 상태였다. 끔찍해서 눈 뜨고 볼 수 없었다. 돌아오려는데, 다리가 땅에 붙은 듯이 움직일 수 없었다.

"이봐, 15엔 50전 해 봐!"

지경단원이 다리를 건너는 사람들에게 말했다.

"나, 일본 사람이요."

한 아저씨가 15엔 50전을 쥬우고엔 고주센이라고 말하자, 자경단원들이 길을 내주었다.

"지나가!"

젊은 남자가 오고 있었다. 제발 아무 일 없기를 바랐다.

"잠깐! 15엔 50전 해 봐."

젊은 남자는 우물쭈물했다.

"어서 해봐랏!"

"츄유코엔 코츄센."

젊은 남자의 발음은 일본 사람과 달랐다.

"조선인이다. 잡아랏!"

자경단이 외쳤다.

"왜 이러세요? 전 잘못한 일이 없습니다. 조선에서 얼마 전에 유학 온 학생입니다."

젊은 남자가 놀라서 강 늪으로 도망쳤다. 자경단원들이 뒤쫓았다.

'제발 제발 멀리 달아나세요.'

나는 간절히 빌었다. 하지만 젊은 남자는 오래지 않아 붙잡혀서 강가로 끌려 나왔다.

"조선인은 죽여야 해. 다 죽여 버려!"

자경단이 죽창으로 찌르기 시작했다.

"아아악! 아버지, 어머니…."

젊은 남자가 피를 흘리며 쓰러졌다. 그러자 다시 일으켜 세워서 곤봉으로 때렸다.

"그만, 그만하세요!"

나는 자경단을 향해 소리쳤다. 하지만 목소리가 밖으로 나오지 않았다.

"똑똑히 기억해라. 그래야 해."

대신 누군가의 목소리가 들렸다.

"넛전 아저씨? 아저씨죠? 어디 가셨어요? 여긴 너무 무서워요. 빨리 돌아가요."

내 말을 듣고 있으면 나타날 걸로 기대했다. 그런데 더 이상 목소리는 들리지 않았다.

젊은 남자는 눈알이 튀어나오고 피를 토하며 쓰러졌다. 자

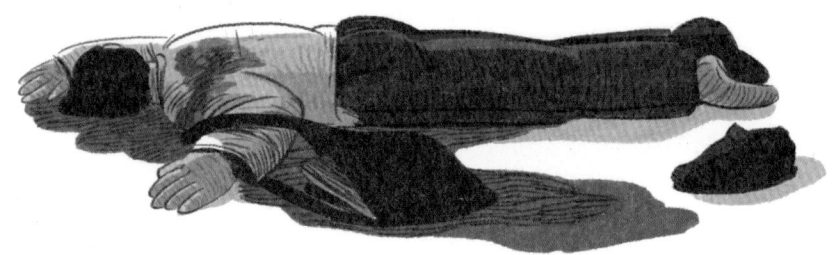

경단원은 축 늘어진 젊은 남자를 강으로 던졌다. 강물에 벌겋게 핏물이 퍼졌다. 젊은 남자는 강가로 나오려고 안간힘을 썼다. 그러자 자경단원이 죽창으로 찌르고 찔러서 나오지 못하게 했다. 젊은 남자는 더 이상 뜨지 않았다.

식자재 납품하는 할아범 말대로 자경단원들이 조선인 사냥을 하고 있었다. 나는 학살 현장을 보고 있었다. 인간으로 할 수 없는, 해서는 안 되는 일을 하는 사람들을 두 눈으로 똑똑히 보고 있었다.

어떻게 식당으로 돌아왔는지 모른다. 아줌마를 보자마자 품에 파고들었다. 몸이 떨리고 심장이 떨려서 견딜 수 없었다.

"못 볼 걸 봤나 보구나."

아줌마가 등을 쓸어 주었다.

"아줌마, 조선인들을 왜 죽여야 하나요? 무서워요."

나는 아줌마 품에 안겨 울먹였다.

"걱정이야. 지금 벌어지는 일은 한시라도 빨리 멈춰야 해."

아줌마 목소리가 떨렸다. 나는 놀란 가슴이 진정되지 않아서 괴로웠다.

마을 사람들은 불안한 얼굴로 식당에 들러 세상일을 탄식하다가 돌아갔다. 아줌마는 듣기만 했다. 말을 함부로 하다가는 어떤 불똥이 튈지 모르는 세상이었다.

사람들이 돌아가면 아줌마의 한숨은 더 깊어졌다. 일본에 온 지 얼마 안 된 조선인 노동자들이 많아서 일본어를 정확하게 발음할 수 없는데, 그걸 이용해서 조선인을 가려내어 무자비하게 죽이는 걸 한탄했다. 또 조선인으로 오해받은 일본인들과 15엔 50전을 정확히 발음할 수 없는 오사카나 오키나와 사람들도 죽이니 하늘 아래 있을 수 없는 일이라고 가슴을 쳤다.

아줌마는 밤에도 숙소에 불을 켜지 못하게 했다. 그리고 마을을 순찰하는 자경단원이 들으라고 노동자들이 모두 다른 곳으로 가서 집이 텅 비었다고 큰 소리로 말하곤 했다. 밥 먹으러 오던 판잣집에 살던 조선인 노동자들도 발길이 뜸했다.

방으로 갔다. 다다미에서 습한 기운이 훅 올라왔다.

"어서 와라. 고생이 많다."

창녕 아저씨가 내 손을 잡았다. 얼마나 속을 끓였으면 더위에도 손이 차가웠다.

"아저씨들, 꼭 살아야 해요. 고향에 가셔야지요."

울컥해서 눈물이 나려고 했다. 지금 밖 세상은 정상이 아니다. 다들 미쳐서 날뛰고 있다. 눈을 뻔히 뜨고 사람을 죽이는 걸 정상이라고 할 수는 없다.

"나라를 빼앗겼으니 이런 꼴을 당해도 하소연할 데가 없구나."

"헛소문, 가짜 뉴스가 사람을 죽이고 있으니 무서운 세상이다."

조선 아저씨들 눈에 눈물이 고이고 있었다. 내가 일본인이라는 게 부끄러웠다.

나는 밖으로 나와 식당 앞에서 막대를 들고 보초를 섰다. 자경단 완장을 찬 두 남자가 왔다. 나카무라와 요시오였다. 두 남자는 자경단원을 끌고 마을을 온통 휘젓고 다녔다.

"무슨 일로 오셨어요?"

"여기 조센징이 있는 걸 알고 왔다."

"없어요. 다 다른 데로 가셨어요."

나는 얼른 둘러댔다.

"정말이냐?"

"그럼요. 제가 이렇게 보초를 서고 있잖아요."

나는 어깨에 총을 메듯이 막대를 세웠다.

"주인아줌마가 정들었다고 다 빼돌렸구먼. 돌아오면 신고해!"

두 남자는 윽박지르고 돌아갔다.

그런데 잠시 뒤, 다시 들이닥쳤다.

"조센징 나와랏!"

목소리가 얼마나 큰지 아줌마가 놀라서 밖으로 나왔다.

"무슨 말이에요? 여긴 없어요."

아줌마가 두 남자를 막아섰다.

"식자재 할아범이 식자재를 배달했다고 하던데 웬 말이지?"

나카무라가 매섭게 쏘아봤다.

"아이고, 배달된 거는 채소 한 줌 정도예요."

"숨길 생각 마시오. 조센징을 죽이는 건 애국하는 일이오."

요시오가 거들먹거렸다.

"여긴 없어요. 그러니 어서 가세요."

아줌마가 둘을 밀었다. 두 남자와 자경단원은 미심쩍은 눈길을 거두지 못하고 돌아갔다.

5.
억지 고자질

아줌마는 말없이 허공을 응시하더니 찬물을 벌컥 들이켰다. 그리고 조선 아저씨들이 있는 방으로 갔다. 조선 아저씨들은 말소리를 내지 못하고 눈으로 아줌마의 말을 기다렸다.

"더 이상 여기는 안전하지 못하니, 경찰서로 피신하는 게 좋겠어요. 자경단이 또 언제 들이닥칠지 몰라요."

아줌마가 말했다.

"거기는 안전할까요?"

"안전을 담당하고 보호하는 경찰서니, 여기보단 나을 거예요. 조선인 보호소가 있다고 해요."

아줌마 말에 조선인 아저씨들은 경찰서로 가서 보호를 요청

하기로 했다. 아저씨들은 오래 걸리지 않을 걸로 생각하는지 입은 옷 그대로 나갔다.

"잠깐 갔다 올 거니, 잘 지내고 있어라."

창녕 아저씨가 애써 담담하게 말했다.

"무사히 돌아오셔야 해요."

"당연히 그래야지."

박형 아저씨도 약속하듯이 말했다. 아라카와강 둑에 널려 있던 조선인 시체들이 눈앞에 떠올랐다. 몸이 떨렸다.

"꼭 돌아오셔야 해요. 기다릴게요."

진심이었다.

조선인 아저씨들이 경찰서로 가고, 나는 식당 밖에서 보초를 서며 아저씨들이 무사하기를 빌었다. 그때 마을 아이가 죽창을 휘두르며 지나가다가 내게 말했다.

"조센징은 죽여야 해. 죽이면 훈장 받는대."

내 또래가 하는 말이라 더 소름이 돋았다. 그런 분위기인 줄 알지만 묻고 싶었다.

"왜?"

"조센징이 우물에 독약을 탔거든."

아이는 태연하게 말했다.

"우물물을 우리 일본 사람만 마시는 게 아니고 조선인들도 마실 텐데, 독약을 탔다는 게 말이 되냐?"

"맞아, 그건 거짓말이야. 어른들이 만든 가짜 뉴스, 유언비어. 하하하! 내가 장난으로 우리 집 벽에 분필로 X 표시를 해 놓았는데, 그게 옆에 있는 우물에 조선인이 독을 탔다는 표시래. 웃기지 않냐? 그래도 조센징은 죽여야 해."

너무나 당당했다.

"왜 그래야 하는데?"

"어른들이 죽여야 한다고 하니까. 우리의 적은 조센징이라고 했으니까."

"말도 안 돼. 일본인이나 조선인이나 생명을 함부로 죽이면 안 되지. 그건 죄짓는 일이야."

내 말에 그 아이는 빤히 노려보다가 돌아갔다.

거리마다 시체가 쌓여 갔다. 지진으로 죽은 사람들, 화재로 죽은 사람들 그리고 자경단원들이 죽인 조선인들 시체였다. 눈 뜨고 볼 수 없는 광경이었다. 경찰과 군인, 자경단원들은 시체를 실어다 구덩이를 파고 묻었고, 아라카와강에 버렸다. 자경단원들은 자신이 조선인을 몇 명 죽였는지 영웅담처럼 떠벌리고 다녔다.

"이게 다 애국하는 일이지."

"암, 천왕께 충성하는 일이고말고."

"나도 도쿄도 아라카와구 시라히게바시 다리에서 서른 놈을 죽였지."

자경단원 중에 누군가 우쭐해했다.

"가기구게고도 못하는 빠가야!"

일본어 기본 문자 하라가나 중에서 탁음 발음을 못한다고, 조선인을 바보라고 빈정대기도 했다.

"반자이 반자이!"

으스대는 자경단을 향해 마을 사람들이 영웅 반기듯이 만세, 만세를 외쳤다.

식자재를 납품하는 할아범이 전하는 소식은 끔찍했다.

"나라시노 기병 연대가 카메이도 역에서 열차를 타던 조선인을 끌어내서 총검으로 찔러 죽였대요."

"경찰, 군인, 자경단까지 조선인을 죽이니 걱정이에요. 정부에 대해 일어나는 분노를 조선인에게 화풀이하는 거와 뭐가 다르겠어요."

아줌마가 고개를 절레절레 저었다.

"그러게 말이오. 그걸 본 일본 피난민들이 나라의 적인 조선인은 다 죽여 버리라고 외쳤다지 뭐요. 난 여러 군데 식자재를 대서 조선인을 많이 아는데 그리 나쁜 사람은 보지 못했소."

식자재 할아범이 말하다가 주위를 살폈다.

"맞아요. 선량해요. 조선인들에게 그리 나쁜 짓을 하고 그 벌을 어떻게 받으려고 그러는지 모르겠어요. 눈 시퍼렇게 뜨고 기억하는 이가 있을 텐데요."

아줌마와 눈이 마주쳤다. 아줌마 말이 내 가슴에 단단하게 스몄다. 식자재 할아범이 돌아간 뒤에도 끔찍한 이야기가 계속 떠올랐다. 경찰서로 피신한 조선인 아저씨들이 걱정되었다.

"아저씨들이 잘 지내는지 가 봐도 돼요?"

"혼란스러우니 조금 더 있다가 가는 게 좋겠어."

아줌마가 신중하게 말했다. 나는 아줌마 말을 따랐다.

그때 누군가 찾아왔다. 보초 설 때, 내게 말을 건 아이와 자경단원이었다. 맨 앞에 나카무라가 보였다.

"무슨 일이죠?"

아줌마가 물었다.

"저 아입니다."

그 아이가 다짜고짜 나를 가리켰다.

"네가 조선인을 두둔하는 놈이냐?"

나카무라가 총을 겨누었다. 무서워서 몸이 벌벌 떨렸다.

"미쳤나 봐요. 아이에게 지금 뭐 하는 짓이에요?"

아줌마가 화를 냈다.

"아줌마는 빠지고, 네가 말해 봐라."

나카무라는 막무가내였다.

"제, 제가요?"

같이 온 아이를 보았다.

"조센징을 죽이면 안 된다고 했잖아."

아이가 이르듯 말했다. 자경단원들 눈빛이 먹잇감을 발견한 듯이 일제히 이글거렸다.

"그건…."

"잡아랏! 대일본의 적이다."

나카무라가 명령했다. 오로지 상대를 적으로 보는 눈빛이었다.

"왜 이러세요? 아이가 한 말을 가지고."

아줌마가 나를 뒤에 서게 했다.

"비키시오! 불평 불만 투성이, 불령한 조센징과 다름없으니 데리고 가겠소."

아줌마를 밀치고 자경단이 나를 끌고 갔다.

"이거 놔요. 쟤한테 물어보세요. 우물에 독을 탔다는 표시가 있다고 했는데, 그 표시가 뭔지 물어보세요."

나는 끌려가지 않으려고 버텼다. 소용없었다. 과거로 와서 왜 이런 일을 겪어야 하는지 알 수 없었다. 이러다 영영 돌아가지 못하면 어쩌나 싶었다. 아이가 히죽 웃었다. 울분이 솟구

쳤다.

"아까 네가 한 말을 해 봐. 네가 분필로 그려 놓은 표시라고 말해. 거짓말이, 헛소문이 사람 목숨을 앗아 가잖아. 이곳에 일하러 온 조선인 아저씨들이 죽임을 당하잖아."

아이에게 말했다. 아이는 혀까지 날름거렸다.

"입 닥치지 못하겠냐? 어서 끌고 가!"

완장 찬 팔을 들면서 나카무라가 소리쳤다.

"히로시, 가만있으렴. 나카무라상, 제발 이러지 말아요. 어린 애가 한 말을 가지고 왜 그러세요. 내가 잘 타이를게요."

아줌마가 나카무라에게 통사정했다.

"저리 비키시오!."

나카무라가 아줌마를 밀쳤다. 아줌마가 나가떨어졌다.

"아이고, 아이 말을 듣고 이러는 경우가 어디 있어요? 이런 경우는 없어요."

아줌마가 땅을 쳤다. 그래도 나카무라와 자경단원들은 끄떡하지 않았다.

6. 조선인 사냥

 마을 공터에는 조선인들이 묶여 있었다. 얼핏 봐도 몸 성한 곳이 없어 보였다.
 "여기 있는 자들은 불령한 조센징들이다. 네가 살려면 여기 있는 조센징을 죽창으로 찔러라. 그리고 대일본 만세를 외쳐라. 네가 살길이다! 찌르면 보내 주지."
 나카무라가 가는 눈을 더 가늘게 뜨고 죽창을 던져 주었다. 나는 조여 오는 두려움으로 숨을 쉴 수 없었다. 발밑에 떨어져 있는 죽창을 보았다. 온몸이 떨려서 들 수 없었다.
 나카무라와 자경단원은 급할 게 없다는 표정으로 조금 떨어진 곳에 자리를 잡고 앉았다.

"오늘도 밤을 새워야 하니 요기를 해야겠군. 식당 여자가 눈엣가시란 말이야."

나카무라가 식당 아줌마를 들먹이는 이유를 알 수 없었다.

바닥에 먹을 것이 놓이고 술이 오가고 있었다. 그곳에 자경단 완장을 찬 식자재 납품하는 할아범도 있었다. 나쁜 조선인을 보지 못했다고 말할 때는 언제고 자경단원으로 활동하다니! 배신감이 들었다.

그런데 더 놀랄 일이 기다리고 있었다. 경찰서 보호소에 있을 창녕 아저씨와 박형 아저씨가 그곳에 묶여 있었다. 낯익은 조선인 아저씨들도 세 명 더 있었다. 얼굴이 퉁퉁 부어서 자세히 보지 않으면 알아볼 수 없었다.

"아저씨들이 왜 여기에 계세요?"

믿을 수 없었다.

"넌 어쩌다…. 자경단원들이 들이닥쳐 우리를 데려가겠다고 하자, 경찰이 내줬어."

"어떻게 그럴 수 있어요? 생명을 보호해야 할 경찰이잖아요. 다들 제정신이 아니에요."

"미치지 않았으면 그럴 수 없지. 이 일을 어쩌면 좋으냐."

조선 아저씨들은 얼마나 공포에 질렸으면 반은 넋 나간 표정이었다. 말도 안 되는 일이 눈앞에 벌어지고 있었다. 나는 온몸에 힘이 풀려 바닥에 주저앉고 말았다.

"어이, 술이 부족한데."

"저놈들을 처치하려면 말술이 필요하지."

나카무라와 요시오는 벌써 거나한 목소리였다.

"어서 술을 가져와!"

나카무라가 자경단원에게 명령했다. 자경단원 몇 명은 술을 가지러 갔다.

"우리 집에 안주 만들어 놓은 거 있으니 가져다주게나."

식자재 할아범이 남아 있는 자경단원에게 말했다.

"좋소이다. 어서들 가져와."

요시오가 말했다. 자경단원들이 떠나자, 나카무라와 요시오가 피곤한지 바닥에 누웠다. 조금 있으니 코 고는 소리까지 들렸다. 죄 없는 사람들을 끌고 와서 묶어 놓고는 사람 목숨을 가지고 장난하나 싶었다.

식자재 할아범이 내 쪽으로 왔다. 아니, 조선인 아저씨들을 풀어 주고 있었다. 아저씨들은 잠깐 어리둥절하더니 뛰었다. 할아범은 나를 일으켜 주고는 집으로 가라고 손짓했다.

"술 취해서 잠들었으니 좀 있어야 정신 차릴 게다. 여기 걱정은 말아라."

할아범이 작은 소리로 말했다.

'할아버지, 고마워요. 잠시 이상하게 생각했지만, 할아버지처럼 좋은 어른이 있다는 걸 알게 해 주셔서 고마워요.'

나는 아줌마네 식당으로 달렸다. 식자재 할아범도 어디론가 부지런히 가고 있었다.

"조센징이 도망친다."

보초 서려고 나오던 자경단원 말소리가 뒤에서 메아리쳤다. 나는 조선 아저씨들이 들키지 않는 곳에 숨기를 바라며 힘껏 달렸다. 아라카와강을 지날 때였다. 자경단원과 경찰이 누군가를 쫓고 있었다. 조선인을 쫓고 있는 게 분명했다. 강둑에 즐비한 시체를 보니 속이 매스꺼리고 토할 것 같았다. 조선인을 다 죽이려는지, 여자와 아이들 시체도 있었다.

"아줌마, 아줌마!"

숨을 할딱이며 식당 안으로 들어갔다. 아줌마가 보이지 않았다. 심장이 쿵 내려앉았다. 날 지켜 줄 사람이 없다는 생각에 현기증이 일었다. 나는 어떻게 될까. 꾹꾹 눌렀던 두려움이 터져 나왔다.

"아줌마, 저는 미래에서 왔어요. 제가 왜 과거로 왔는지 모르겠어요. 돌아가야 하는데 어떻게 가는지 모르겠어요. 아줌마, 우리 일본 선조들이 너무 무서워요. 존경스럽지 않아요. 제가 본 일들이…."

눈물이 흘러 입속으로 들어왔다. 그때 아줌마가 들어왔다.

"내가 안 보여서 놀랐구나. 여기 왔으니 걱정하지 말아라."

얼른 눈물을 훔쳤다. 아줌마 얼굴에 핏기가 없었다. 방에 들어간 아줌마는 머리를 싸매고 누웠다.

"뭐라고? 해도 해도 너무하구먼. 내가 조선인을 감싸고 조선인 편을 든다고? 나참, 내게 뭘 알아내려고 그러지?"

아줌마가 갑자기 허공에 대고 말했다.

"아줌마, 어디 아프세요?"

나는 물수건을 해서 머리에 얹어 주었다.

"내, 내가 뭐라 그랬냐?"

아줌마가 눈을 뜨고 나를 보더니 눈물이 맺혔다.

"아이고, 불쌍한 조선 사람들. 갖은 구박을 받으며 뼈 빠지게 일한 죄밖에 없는데, 강둑에 있는 시체들을 보니 하늘이 무서워서 못 살겠다."

아줌마가 기어이 눈물을 흘렸다.

"저도 무서웠어요. 조선 사람들을 보기만 하면 죽이잖아요. 어떻게 사람이 사람을 죽여요?"

"제정신으로 살 수 없는 세상이구나. 널 데리고 오려고 나가는데, 이번에는 경찰이 들이닥쳐서 경찰서에 가게 되었단다. 조선인을 숨긴 곳을 대라고 캐묻더구나. 대지 않으면 무사하지 않을 거라고 협박도 하더구나."

아줌마가 고통스러워했다.

"경찰도 자경단과 같아요. 경찰서에 보호해 달라고 간 조선 아저씨들을 경찰이 자경단원에 내줬대요. 마을 공터에 잡혀 있는 걸 봤어요. 자경단원들이 오늘 밤에 죽인다고 했는데, 식자재 할아버지가 풀어 주었어요. 나카무라와 요시오가 술 취한 틈을 타서요. 저도 할아버지 덕분에 올 수 있었어요."

나는 겪은 일을 말했다.

"아이고, 어찌 그런 일이? 무사해야 할 텐데, 어디로 피신했을까? 날이 밝을까 걱정이구나."

아줌마 얼굴이 하얗게 질렸다. 내일엔 또 얼마나 많은 조선인이 처참하게 죽임을 당할지 몸서리가 쳐졌다.

"히로시, 미안하다. 생각해 보니 널 못살게 구는 건, 어떤 꼬투리라도 잡아서 날 경찰에게 넘기려고 하는 짓 같아."

아줌마가 한숨을 쉬며 내 손을 잡았다.

"그게 무슨 말이에요?"

아줌마는 품고 있던 말을 했다. 아줌마네 남편은 민권 운동을 하다가 감옥에 가게 되었고 그때 얻은 병으로 돌아가셨다고 했다.

"지금도 민권 운동 하는 사람들은 계속 탄압받고 있단다. 지진이 일어나자, 계엄령을 내리고 민권 운동을 하는 사람들과 사회주의자들도 다 잡아들이고 있어. 조선인 학살은 너무나 잔인한 일이라 할 말이 없구나. 그 죄를 어떻게 하려고. 무서운 세상이야."

아줌마 말에 문득 역사 시간에 배운 '다이쇼 데모크라시'가 생각났다. 1920년대 다이쇼라고 부르던 시대에 일어났던 민권 운동으로 군인, 경찰의 탄압으로 성공하지 못했다. 지금이 다이쇼 12년이니 아줌마 남편은 초창기 때 활동한 것 같았다. 아줌마는 고향을 떠나 억척스럽게 일하며 상처를 삭이고 있었다. 후대에 우리가 자유롭게 사는 건 목숨 걸고 민권 운동을 한 사람들 덕분이라는 생각이 들었다.

"아줌마께 말도 안 되는 일이 일어나지 않으면 좋겠어요. 그런 어려운 사정이 있는데도 저를 돌봐 주셔서 고맙습니다."

나는 고개를 숙여 인사했다.

거리에 나가면 가끔 구걸하는 아이들을 볼 수 있었다. 아줌마는 그 아이들도 배곯지 않게 살피고 있었다.

넋전 아저씨와 아라카와강 둑에 있다가 아줌마 손에 잡혀 함바식당으로 올 때 손이 따뜻했는데, 지내 보니 마음도 따스했다.

밖에서 인기척이 났다. 문틈으로 밖을 내다보았다. 창녕 아저씨였다. 얼른 문을 열었다. 창녕 아저씨는 안으로 들어오지도 못하고 쓰러졌다. 몸은 온통 피범벅이었다. 다다닥 발소리가 나면서 자경단원이 죽창, 칼, 총을 메고 들이닥쳤다.

"여기 올 줄 알았지. 조센징이 도망쳐 봤자지."

아직 술 냄새가 풀풀 나는 나카무라가 소리쳤다.

"정말 왜 이러세요? 우리 집에 생활하는 저 젊은이가 아무 죄 없다는 거 아시잖아요."

아줌마가 목에 핏대를 세워 소리쳤다.

"이 아줌마가 계엄령이 떨어졌는데 정신을 못 차리는구먼. 저 아줌마도 끌어내! 식자재 할아범도 어디 숨긴 거 아니지?"

나카무라가 의심의 눈초리로 두리번거렸다. 식자재 할아범이 무사히 몸을 숨겼다는 걸 알 수 있었다.

자경단은 쓰러진 창녕 아저씨를 일으켜 세우더니 몸을 죽창으로 찔렀다.

"조센징은 다 죽여야 해!"

"그만하세요. 제발…."

아줌마가 소리치고, 나는 울음을 터뜨렸다.

"저리 꺼져라!"

죽창이 내 목을 겨누었다.

"으으윽, 내가 나라 뺏긴 백성으로 파리 목숨보다 못하게 죽지만, 죽어서도 너희들을 절대 잊지 않겠다."

창녕 아저씨가 눈을 부릅뜨고 호통쳤다. 가지런하던 흰 이에도 온통 핏물이 고여 있었다.

"어디 마음껏 떠들어 봐라. 같이 도망친 놈과 만날 수 있게 강에 처넣어 주겠다. 네 동료들은 벌써 아라카와강 물고기 밥으로 던져 주었지. 도망칠 수 있다고 생각했나?"

요시오가 칼로 창녕 아저씨 몸을 내려쳤다. 피가 사방으로 튀었다. 그래도 두 남자와 자경단원들은 눈동자 하나 흔들리지 않았다. 너무 충격이어서 이가 딱딱 부딪혔다. 창녕 아저씨가 쓰러지며 나와 눈이 마주쳤다.

"히로시, 보았지? 이 일은 후손들이… 기억해야 해. 절대로 잊어선… 안 돼."

창녕 아저씨 눈에 피눈물이 흐르고 있었다.

"제가, 제가 기억할게요. 제가 꼭 기억할게요. 제가, 제가요…."

나는 창녕 아저씨에게 약속했다. 조선인 아저씨들에 대한, 역사에 대한 내 다짐이었다.

그때였다. 창녕 아저씨가 눈을 감는가 싶더니, 벌떡 일어섰다. 발이 허공에 떴다.

"창녕 아저씨, 아니, 넋전 아저씨…!"

가슴이 마구 뛰었다.

"제가, 제가 여기 온 이유를 알겠어요. 우리 후손들이 기억해야 할 역사를 알게 하려고 온 거예요. 제가 그동안 역사에 무관심했어요."

나는 신념에 차서 말했다. 말하다가 아차 싶어서 주위를 보니 다들 몸이 굳은 듯이 움직임이 없었다. 넋전 아저씨의 신비한 힘이 작용한 것 같았다.

"어린 널 고생하게 해서 미안하다."

넋전 아저씨가 애틋한 눈길을 주었다. 넋전 아저씨 말대로 어마어마한 일들을 겪었다. 무서웠던 순간들이 밀려와 넛전 아저씨 앞에서 엉엉 소리 내서 울었다. 그러지 않으면 미칠 것 같았다.

"그렇게 나쁜 짓을 하면 안 되잖아요. 나쁜 짓한 역사를 숨기면 더더욱 안 되고요. 사람이 사람을 어떻게 죽여요? 헛소문으로 조선인을 죽인 간토대학살 진실은 꼭 밝혀져야 해요."

"그래야지. 꼭 그래야 해. 처음 봤을 때 말했지만, 한국도 일본도 우리가 겪은 끔찍한 일을 역사에서 지워 버리려고 해서 화가 치솟았어. 그때 이리로 오게 되었지. 네가 그 일을 기억해 줄 아이였던 거야. 여기 온 이유를 알아낸 것 같구나."

넛전 아저씨가 손을 내밀었다. 나는 얼른 손을 잡았다. 그러자 허공으로 몸이 붕 떠올랐다. 그리고 어디론가 빨려 들어갔다.

7. 한 걸음 후퇴

아라카와강 가에 종이 인형, 넋전이 바람에 흩날리고 있었다. 곁에 대한이도 있었다. 변한 건 아무것도 없었다.

'후유, 돌아왔어!'

한바탕 꿈을 꾸고 온 듯했다. 머리가 띵했다. 엄청나게 잔인한 일을 겪어서 고통스러울 것 같은데, 크게 요동치지는 않았다. 대신 내면이 단단해진 느낌이었다. 넋전 아저씨 배려라는 생각이 들었다. 얼굴을 감쌌던 넋전도 아무 일 없었다는 듯이 바람에 날리고 있었다.

"대한아, 미안해. 일본인으로서 사과할게."

진심이 우러나왔다.

"갑자기 왜 그러니? 날 여기로 도망치게 한 일로 사과하는 거라면 하지 않아도 돼. 넌 일본인이지만 내 친구잖아."

그 말에 눈이 시큰해서 고개를 뒤로 젖혀야 했다.

"야. 거기 서!"

타쿠미 패거리들이 달려왔다.

"한국 대 일본 아이들 싸움이 되지 않으려면 피하는 게 좋겠지?"

대한이가 말했다.

"아냐, 정면으로 부딪쳐야겠어."

나는 가슴을 쫙 폈다.

"뭐야? 도망치자고 하던 아까와 달라."

대한이가 물끄러미 보았다. 맞는 말이다. 넛전 아저씨를 만나기 전과 만난 뒤의 나는 분명히 달랐다. 지금 내 마음엔 억울하게 죽은 사람들의 목소리가 담겨 있다.

"도망가 봤자, 독 안에 든 생쥐 꼴이지."

타쿠미 패거리들이 나와 대한이를 에워쌌다.

"내가 조센징이 되어 만세를 부르라는 거지?"

"그래. 3.1만세폭동 말이야."

"해 주지. 대신 내가 하고 싶은 역할극이 있는데, 그걸 하겠다고 약속해."

나는 당당하게 한 발 나섰다.

"그거야 어렵지 않지. 재미있겠는걸. 그럼 어서 조센징 해."

타쿠미는 구경할 준비가 된 눈빛이었다. 나는 숨을 크게 내쉬었다. 죽어 가던 조선인들의 울분에 찬 눈빛이 떠올랐다. 1919년 3월 1일, 조선인들은 잃어버린 나라를 되찾고 빼앗긴 자유를 찾기 위해 목숨을 내놓고 만세를 불렀을 것이다. 가슴이 저렸다. 나는 두 손을 높이 들고 외쳤다.

"대한독립 만세! 우리는 독립을 원한다. 대한독립 만세!"

조선인 아저씨들이 아리랑을 부르며 고향 가는 꿈을 꾸고 있었다. 눈시울이 붉어졌다. 눈물을 보이지 않으려고 눈을 크게 떴다.

"우리는 독립을 원한다. 일본은 물러가라. 대한독립 만세!"

나는 창녕 아저씨의 마음을 담아, 박형 아저씨와 수많은 조선인의 마음을 담아 큰 소리로 외쳤다. 조선은 1945년 일본으로부터 독립하여 대한민국으로 눈부시게 발전했다. 하지만 일본과 풀어야 할 역사 문제는 여전히 남아 있다는 걸 나는 확실히 알고 있다.

"우하하. 역시 실망시키지 않는걸. 저, 조센징을 잡아랏!"

타쿠미가 명령했다. 패거리들이 나를 잡았다.

"무릎을 꿇어라. 네 죄를 알겠지?"

타쿠미는 비열한 눈빛으로 나를 내려다보았다.

"나라 잃은 백성이 나라를 되찾겠다는 게 잘못이냐?"

나는 타쿠미를 노려보았다.

"왜 그래? 역사 놀이잖아. 넌 만세를 부르다 잡힌 거야. 대일본 만세를 부르면 돼."

타쿠미가 싱글거렸다.

"너희들, 나와 한 약속 지켜야 해."

"알았어. 어서 하기나 해."

타쿠미 재촉에 막 만세를 부르려는데, 대한이가 발끈했다.

"거기서 대일본 만세는 왜 부르는데? 하는 짓을 보니, 참 나쁜 애들이구나."

"넌 왜 끼어드냐? 저리 꺼져."

타쿠미가 씩씩거렸다.

"다시 묻는데, 너희들 3.1만세운동에서 왜 대일본 만세를 불러야 하니?"

"이건 역사 놀이야. 뭘 그렇게 심각하게 말하냐?"

타쿠미가 능글스레 말했다.

"재미로 하는 역사 놀이도 웃기지만, 3.1만세운동이 왜 일어났는지 생각해 봤니? 빼앗긴 나라를 찾겠다고 비폭력으로 만세 부른 걸 폭동이라고? 내가 일본인이라면 부끄러워서 대한민국에 몇 번이고 사과했을 거다."

"사과했잖아! 우리 아빠가 그러는데 일본은 돈도 주고 사과도 했대."

"맨날 한국은 우리에게 사과하라고 해."

대한이 말에 패거리들이 이죽거렸다.

"한국인들이 일본에 바라는 건 영혼 없는 사과가 아니야. 말로는 사과했다고 하면서 계속 역사를 왜곡하고 진실을 감추고 침략이 정당했다고 주장하는 게 무슨 사과니? 너희 일본 교과서에 우리나라 침략 행위 사실을 밝히고 반성하는 내용이 들어가야지. 일본 국민이 일제 강점의 잘못을 인식하고 전쟁은 그 어떤 때에라도 일어나서는 안 된다는 사실을 당연하게 받아들여야 사과한 거지. 간토대지진 때, 너희 일본인들에게 학살당한 조선인들을 추모하기 위해 걸어 놓은 여기 넋전들을 봐."

대한이가 강한 어조로 말했다.

"간토대학살이 뭔데? 웬 종이 인형을 걸어 놓고 이상한 말을 하냐?"

타쿠미가 넋전을 보며 미간을 찌푸렸다.

"대한아, 나도 얘네들과 역사 역할극 하고 싶은 게 있으니 그만해."

내가 나서서 말렸다. 더 하다가는 대한이 말대로 일본 대 한국으로 나눠서 언쟁이 벌어질 게 분명했다. 대한이는 나를 봐서 물러섰다.

"괜히 재밌는 놀이를 방해하려고 해. 히로시, 어서 대일본 만세를 불러! 자랑스럽게."

타쿠미가 주문까지 했다. 나는 역사 역할극에서 내가 하고자 하는 말을 가슴에 새겼다. 그리고 타쿠미 패거리들 앞에서 대일본 만세를 불렀다. 전혀 자랑스럽지 않았다.

"내가 장소와 시간을 알려 주면 꼭 나와."

"알았어. 재미있을 것 같으니 연락해라."

타쿠미는 패거리들과 흡족해서 돌아갔다.

"네가 웬일이니? 도망치자고 할 때는 언제고, 타쿠미 패거리들 비위를 다 맞추고."

대한이가 나를 빤히 보았다.

"두 걸음 전진을 위해 한 걸음 후퇴한 거야. 아까 말했듯이 꼭 하려는 일이 있거든."

나는 바람에 흩날릴 때, 내 얼굴을 감쌌던 넋전을 마주하고 섰다. 나는 안다. 창녕 아저씨가 고향에 가지 못하고 억울하게 죽임을 당했다는 걸.

"대한아, 넋을 위로하기 위해 넋전을 걸었다고 했잖아."

"그렇지. 9월 1일에 혼령 추모제를 올릴 거야."

"그날 와도 되지?"

"당연하지. 널 초대하려고 했어. 친구잖아."

대한이 말에 가슴이 따스해졌다.

집에 와서 간토대학살에 대한 자료를 찾아보았다. 일조협회와 도쿄도연합회 등으로 구성된 간토대지진 희생자 추도실행위원회가 1974년부터 도쿄도 스미다구 도립 요코아미초 공원에서 해마다 9월 1일에 추도식을 열고 있었다.

대한민국 임시정부에서 발행한 1923년 12월 5일 자 『독립신문』 기사에 간토대지진 기사가 실려 있었다.

슬프다. 칠천의 가련한 동포가 적지에서 피바다를 이루었다.
몸소 피 같은 송장을 보니 가슴이 쓰리며 몸이 떨린다.
아, 천지가 다함이 있은들 우리의 쌓인 원한이야 가실 날이 있으리까.

슬프다. 이 원수 갚을 자가 누구인가.

그날 『독립신문』에는 간토대학살 희생자가 6,661명이라고 했는데, 실제로는 그보다 더 많을 거라고 했다. 독일 외무성 자료에는 2만 3,058명으로 기록되어 있었다. 하지만 일본 정부는 누구도 이 문제에 책임지려고 하지 않고 있다.

나는 대한민국 임시정부의 조소앙 외무대신이 일본 총리 야마모토 곤베에게 항의 공문을 보낸 것을 소리 내서 읽었다.

천지가 힘을 합하여 일본에 재앙을 내리니 도시 세 곳이 불타고 모두 모든 것이 파괴되었습니다. 듣자 하니 측은하고 불쌍한 생각이 들어 은혜와 원수의 관계도 잊었습니다. 그러나 이때를 기다렸다는 듯이 사람들에게서 살기가 일어나고 천재지변의 원인을 한인에게 전가하여 방화하거나 폭탄을 투척한 자도 한인이라고 하면서 군사를 일으키고 전쟁을 선포하고 큰 적을 만난 것처럼 민군을 부추겨서 무기를 들게 했습니다. 그리하여 노인, 아이, 노동자 가리지 않고 한인이라 하면 모두 잡아 죽였습니다. …

8. 희생자 추모제

"야, 조센징 온다!"

교실 문을 열자, 누군가 말했다. 나를 보는 아이들 눈에 장난기가 가득했다. 교실 뒤쪽에 타쿠미 패거리들이 몰려 있었다.

"야, 맞잖아. 대한독립 만세, 살려 줘, 살려 줘. 으하하하!"

패거리 중 한 명이 과장되게 흉내를 냈다. 아이들은 책상을 두드리며 재미있어했다. 참을 수 없어서 타쿠미에게 갔다.

"어어, 왜 그래?"

타쿠미가 가까이 오지 못하게 손을 뻗어 막았다.

"비겁하게 이러기야? 역사 놀이 한다고 해서 해 준 건데, 내가 왜 조센징이냐? 조센징은 일본에 사는 한국인들을 말하는 거잖아. 너희들, 한국에 사는 우리 일본인들을 한국 사람들이 놀리면 좋겠냐?"

화가 치밀어 따졌다.

"뭐가 그리 심각해? 네가 조센징이 되어 만세 불렀잖아. 그걸 말한 것뿐이야."

타쿠미가 능청을 떨었다. 나는 심호흡을 한 다음, 눈에 장난기가 이글거리는 아이들에게 힘주어 말했다.

"너희들, 들었지? 난 얘네들이 하는 역사 놀이에 조센징 역할을 한 것뿐이야. 그 일로 날 놀리지 마. 그리고 제발 누굴 괴롭히고 그러지 좀 마!"

진저리가 쳐졌다.

"타쿠미는 네가 조센징이라고 하던데?"

누군가 말했다.

"내가 언제? 조센징 같았다고 했지."

타쿠미가 발뺌했다.

"오해하지 않게 말해야지. 말 한마디가 헛소문, 가짜 뉴스가 되어 사람을 죽이기도 하거든. 역사 속 간토대학살처럼 말이야."

"또 잘난 척이야. 그래서 네가 싫어. 간토대학살인지 뭔지 모르는 일이고, 대한이와 친하니 너도 조센징 같다고 한 것뿐이야."

타쿠미가 유들거렸다.

"그만해라. 9월 1일에 아라카와강에서 만나. 너희들이 재미있어하는 일이 있을 거야."

나는 어금니를 꽉 물고 자리로 왔다.

"재미있는 거면 좋지. 우린 심심한 걸 못 견디니까. 수업 마치고 바로 갈게."

시간은 언제로 할지 정하지 못했는데 타쿠미가 말했다. 이어서 타쿠미 패거리들 말소리가 들렸다.

"정말 조센징 같았다니까. 그 눈빛 봤지? 독기가 느껴졌어."

조선인이라서 품삯도 적게 주고, 무시당하며 일하다가 간토 대지진 때, 희생당한 조선인 아저씨들이 떠올랐다. 나는 잠깐 괴롭힘에도 힘든데, 조선인 아저씨들은 얼마나 힘들었을까, 가슴이 먹먹했다.

9월 1일, 나는 아라카와강에 가서 타쿠미 패거리를 기다렸다. 같이 수업을 마쳤는데도 아직 나타나지 않고 있었다. 펄럭이는 넋전들을 보았다. 조선인 아저씨들이, 수많은 조선인이 생각나서 울컥했다.

"뭐할 건데?"

기다리던 타쿠미 패거리들이 나타났다.

"왔구나."

나는 타쿠미 패거리들이 이번 기회에 우리 일본이 저지른 역사를 조금이라도 알게 되기를 바랐다. 그 시작이 오늘 할 역사 역할극이다.

"재미있는 일, 시작해 볼까?"

타쿠미가 흥미를 보였다.

나는 준비한 역할극 카드를 꺼냈다.

"그게 뭐냐? 우리더러 읽으라고?"

타쿠미가 물었다.

"역할 카드인데, 번호 순서대로 읽으면 돼."

나는 타쿠미 패거리들을 둘러보았다.

"읽는 거야 어렵지 않지. 어떤 역사 놀이인지 궁금한걸."

"각자 맡은 역할을 하면 돼. 맘에 드니 안 드니 하면 안 되는 거 알지? 나도 너희들이 하라는 걸 했잖아."

걱정되는 부분을 미리 말해 놓았다.

"알겠어. 우릴 뭐로 알고."

타쿠미가 으스대자, 패거리들도 가소롭다는 듯이 한쪽 다리를 건들거렸다. 나는 역할극 카드를 나눠 주었다.

"난 경찰!"

"난 군인!"

"난, 자경단원!"

"난 일본인!"

패거리들이 만족스러워했다.

"난 뭐야? 조선인 노동자?"

순간 타쿠미가 입을 실룩거렸다. 하지 않겠다는 기세였다. 잠깐 주위 눈치를 보더니 통 큰 척 뻐겼다.

"해 주지 뭐, 해 줄게."

"그럼 내가 해설을 읽으면 1번부터 하는 거야."

나는 역사 역할극 시작을 알렸다.

"1923년 9월 1일! 간토 지역에 진도 7.9의 대지진이 일어났다."

"지진이다! 불이야, 불! 사람 살려!"

"조센징이 우물에 독약을 탔다. 독약이 든 만두를 나눠 준다. 다 잡아 죽여야 해!"

"무서워요. 정말 봤어요?"

"경찰이 그렇게 말했어. 저기 조센징을 잡아라!"

패거리들이 타쿠미를 가리켰다. 타쿠미는 잠시 머뭇거리더니 카드를 읽었다.

"난 아무 잘못이 없어요."

"15엔 50전 해 봐! 제대로 발음하지 못하면 널 죽일 거야!"

"나는 일본에 돈을 벌러 온 노동자예요."

"조센징은 죽여야 해."

"죽창으로 찔러라!"

패거리들은 무척 실감 나게 했다.

"아악, 저는 잘못이 없어요."

타쿠미는 반사적으로 머리를 감쌌다.

"곤봉으로 쳐라!"

패거리들은 말로 하는 건데도 진짜 휘두르듯이 했다. 타쿠미가 손을 떨며 카드를 읽었다.

"아쿠쿠, 죄 없는 사람을 죽여도 되는 겁니까?"

"조센징은 죽어야 해. 조센징은 우리 일본의 적이니까."

패거리들은 역사 역할극인 것을 잊은 듯이 진짜같이 말했다. 다음은 타쿠미 차례였다. 그때 바람이 불었다. 넋전이 바람에 흩날렸다. 어디서 낮은 휘파람 소리가 났다. 타쿠미는 역할 카드를 보고는 멈칫하더니 고개를 들어 넋전들을 물끄러미 바라보았다.

"뭐, 뭐야, 기, 기분 나쁘게… 이 종이들은 왜 이렇게 으스스해. 귀신 같잖아."

타쿠미가 말했다.

그때 추모제를 위해 사람들이 아라카와강에 모여들었다.

"역할극인지 뭔지 끝!"

타쿠미가 벌떡 일어나 소리쳤다. 패거리들은 아쉬워하는 표정이었다.

"왜? 내가 죽임을 당하는 내용을 안 해서 아쉽냐?"

타쿠미가 얼굴을 일그러뜨렸다. 역할극은 그만해도 될 것 같았다. 타쿠미도 뭔가 깨달은 게 있어 보였다.

"우린 역할극을 한 것뿐이야."

패거리들이 얼버무렸다. 나는 타쿠미 패거리들이 남아서 추모제를 보면서 더 깨닫기를 원했다. 하지만 어색한지 쭈뼛거리다 돌아갔다.

아빠는 추모제를 위해 넋전을 준비해 온 한국 씨알재단 사람들과 인터뷰를 했다. 넋전은 한국에서 만들어 배로 옮겨 왔으며, 독립신문에 실린 희생자 수대로 6,661장을 걸었다고 했다.

"관심 가져 주셔서 고마워요. 아라카와강에 설치하기 위해 낚싯줄을 다 꿰었어요. 희생자 한 분 한 분을 실제로 대하는 마음으로요. 아침부터 자정까지 일곱 명이 꼬박 나흘을 했지요."

"나흘이나요? 정말 애쓰셨네요."

아빠가 숙연한 표정으로 말했다.

"새벽부터 일어나서 밤늦게까지 했는데 하나도 피곤하지 않고, 다음 날 일어날 때도 거뜬했어요. 넋전들이 우리에게 힘을 준 게 아닌가 싶어요."

"그런 수고가 있었군요."

"억울함을 풀어 드리고 진실을 밝히는 일인데 해야지요. 일본의 잘못을 밝히고 바로잡으려는 양심적인 일본인 시민들도 함께해 주시니 더욱 힘이 납니다."

씨알재단 사람들이 주위를 둘러보았다. 다들 의지를 보이는 눈빛이었다.

추모제가 시작되자, 혼령들을 위로하는 살풀이를 했다. 살풀이 동작을 할 때마다 하얀 천이 너울너울 바람을 탔다. 아빠는 부지런히 추모제 사진을 찍었다.

다음은 위원장이 추도문을 읽었다.

"잘못을 되풀이하지 않기 위해 후손들에게 올바른 역사를 알리는 건 우리 책임입니다. 죽은 자의 권리를 기억하지 못하는 사회는 살아 있는 사람의 권리도 보장하지 않습니다. 우리가 잊지 않고 기억해야 할 이유입니다."

그때였다. 우익단체 회원들이 몰려와서 외쳤다.

"희생자 6,661명은 거짓말이다! 엉터리로 불안을 조성하지 마라. 조센징은 가 버려라!"

역사 앞에 옷깃을 여미고 반성할 생각이 전혀 없는 사람들이었다.

추도식에 참석한 시민들도 맞서서 외쳤다.

"거짓말을 하는 건 당신들이다. 밝히고 싶지 않은 역사면 왜 곡시키고 숨기기 바쁘니 부끄럽지도 않으냐."

우익단체 사람들도 목소리를 높였다.

"정부는 그런 사실을 알지도 못하고 잘못이 없다!"

"정부의 잘못이 없다고요? 정부가 지진 보고서에 기록한 학살당한 조선인 233명은 무엇입니까? 죽여도 된다는 말입니까? 한 명의 죽음이든, 6천 명의 죽음이든 사과해야 하는 거 아닙니까? 조선인이라는 이유로 죽임을 당해도 된다는 말입

니까?"

시민들이 울분에 차서 말했다. 나도 치미는 화를 참을 수 없었다.

"나쁜 일을 한 선조들이 부끄럽지 않나요? 죄를 덮으려고만 하는 나쁜 어른들이에요."

"여기 이 아이가 한 말처럼, 후손들에게 부끄럽지 않기 위해서라도 숨기려고만 하면 안 됩니다. 우리는 진실을 원해요. 사실을 왜곡하는 대신, 진실을 찾아 갈 겁니다."

"맞다, 맞아. 진실은 힘이 세지. 우리 끝까지 진실을 밝히고 사죄하게 하자고!"

추모제 사람들이 똘똘 뭉쳐 목소리를 냈다.

우익단체들은 더는 말을 못 하고 사라졌다. 잠시 소동이 있었지만, 추모식은 이어졌다.

추모식을 마치고 시민들은 넋전 하나하나를 가슴에 품었다. 나도 내 얼굴을 감쌌던 넋전 앞에 섰다. 한 서린 역사를 품은 넋전이 바람에 날리고 있었다. 나는 가만히 다가가 넋전을 두 팔로 안았다. 눈물이 났다. 일본이 조선의 영토를 짓밟지 않고, 물자를 빼앗아 오지 않았더라면 배고픔에 일본 노동자로 오지 않았을 것이고, 조선에서 결혼한 아내와 행복하게 살았을 터이다. 고향을 그리워하다가 가족을 그리워하다가 억울하게 희생되었다고 생각하니 가슴이 아팠다.

추모제를 마친 뒤, 넋전은 모두 태운다고 했다. 천상으로 혼령이 훨훨 날아가기를 바라는 마음으로.

9. 증조할아버지 제삿날

"히로시, 산책하러 갈까?"

아빠 말에 선뜻 따라나섰다. 가는 길에 타쿠미 패거리들이 조센징 역할을 하라고 쫓아와서 아라카와강으로 달려온 일이 떠올랐다. 간토대학살 역사 역할극을 한 일도 생각났다. 타쿠미 패거리들은 그날 이후로 역사 놀이를 하지 않았다. 가끔 역사 놀이 이야기가 나오면 이맛살을 찌푸리곤 했다. 일본인으로 자부심이 강한 타쿠미가 조선인 노동자가 되어 핍박받는 역할을 하면서 생각할 거리가 있었을 게다.

아빠는 말없이 강둑에 앉아 있었다. 증조할아버지 기일이 다가오면 그러긴 했지만, 이번은 분위기가 달랐다. 내가 잘못한 게 있는지 되짚어 보았다. 딱히 떠오르지 않았다. 넋전 아저씨와 과거로 갔다 온 이야기를 해야 하나, 잠깐 고민했다. 하지만 이내 머리를 저었다. 아빠는 엄마가 보고 싶어서 그러냐며, 너무 보고 싶으면 망상에 빠질 수 있다고 걱정할지도 모른다.

"아빠, 무슨 생각 하세요?"

궁금해서 물었다.

"이젠 말해 줘야겠구나."

"뭘요?"

나는 생글거리며 아빠와 눈을 맞췄다.

"너의 증조할아버지 이야기를 해 주려고 해."

"곧 제삿날이잖아요."

"그렇지. 해마다 기일이 돌아오면 생각했던 일인데 오늘 말해 주려고."

"무슨 말인데 그러세요?"

나는 아빠의 말을 기다렸다.

"너의 증조할아버지 고향은 창녕이란다."

창녕 아저씨가 생각났다. 그러다 퍼뜩 정신이 들었다.

"그럼, 제가….."

아빠는 내가 조선인 후손이라는 걸 말하고 있었다. 한 번도 내가 조선인, 아니 대한민국 후손이라는 생각을 해 보지 않았다. 반 아이들이 조센징이라고 놀릴 때 기분이 살아났다. 심심한 걸 못 참는 타쿠미 패거리들이 알면 또 얼마나 빈정대며 다닐까. 내가 역사를 기억하고 역사의 진실을 밝히려는 것도 일본인으로서 다짐이었다. 혼란스러웠다.

"갑작스럽게 말해서 미안해. 하지만 간토대학살 추모제를 보면서 더 늦지 않게 알려 줘야 한다는 결심이 서더구나."

아빠가 미안한 얼굴로 내 표정을 살폈다. 나는 무슨 말을 할지 몰라서 흐르는 강물을 바라보았다.

"증조할아버지는 1923년에 일본에 노동자로 오셨대."

"네? 간토대지진과 간토대학살이 일어난 해잖아요."

"우리 아들, 역사에 대해 많이 알고 있구나."

아빠는 나를 다시 보는 듯했다. 내 머리와 가슴에 그 역사가 담겨 있다는 걸 아빠는 알지 못한다. 아빠는 할아버지에게 들은 이야기를 들려주었다.

증조할아버지는 청년일 때, 일본에 노동자로 왔다. 일본의 지배를 받고 있어서 살기 팍팍하고 살길이 없어 일본으로 건너온 것이다. 당시 청년은 혼인한 상태였다. 노동자로 일하다가 간토대지진이 일어나고 혼란스러운 상황에 일본 정부는 계엄령을 선포하고 조선인을 학살했다. 그때 청년도 죽임을 당했다. 간토대학살의 희생자였다. 남겨진 아내가 임신한 사실을 모른 채.

아빠 말에 넋전 아저씨, 창녕 아저씨, 증조할아버지가 동시에 그려졌다. 몸이 으스스 떨렸다. 아빠는 이어서 이야기를 해주었다.

소식이 없자, 아내는 일본으로 왔다. 시신조차 찾을 길이 없었다. 아내는 고향에 돌아가지 못하고 일본에서 살게 되었다. 아이는 자라서 일본 여성과 결혼했고, 그 부부의 아들로 태어난 아빠는 조센징이라고 차별을 받으며 자랐다.

"너는 조센징이라고 차별받지 않게 하고 싶었어. 그래서 재일 동포 후손인 걸 말하지 않았어. 예전 같지 않아서 개인정보를 굳이 말하지 않아도 되니까. 난 인종차별을 심하게 겪으며 지냈어. 너희 나라로 가라고 침을 뱉고, 공부 잘하면 잘한다고 따돌리고, 이유도 되지 않는 것들로 트집 잡아 괴롭히더구나."

아빠는 당시 일들이 되살아나는지 치를 떨었다.

"난 어른이 되자, 간사이 지방을 떠나 이곳 간토 지방으로 왔단다. 그리고 어느새 일본인으로 살고 있더구나. 하지만 캐나다에서 생활하는 부모님 대신 제사를 지낼 때마다 마음이 편치 않았단다."

아빠가 증조할아버지 기일이 되면 생각이 많아지는 이유를 알 것 같았다.

교실에서 조센징이라고 놀리던 아이들 모습이 떠올랐다. 눈에 장난기가 가득해서 재미로 놀렸겠지만 당하는 나는 몹시 힘들었다. 잠깐 놀림을 받아도 그런데 아빠는 심하게 놀림과 차별을 당했으니 그 고통이 엄청나게 컸을 것이다.

'내가 재일 동포 3세구나.'

타쿠미 패거리들이 하필 내게 조센징 역할을 하라고 했을까. 말하지 않아도 얼굴에 쓰여 있나 싶었다.

"늦게 알려 줘서 미안하다. 이번에 한국 시민단체와 함께 간토대학살 진실을 밝혀서 알리기로 했단다."

아빠는 아라카와강 변에서 한 추모식을 보고 깨달은 바가 있었다고 했다. 역사를 바로 응시해야 한다는 것을. 9월이 되면 생각이 많아지던 아빠의 결심이었다.

"저도 역사를 바로 알기 위해 노력할 거예요. 아직은 조선인 아니 한국인 후손이라는 게 얼떨떨하지만, 일본인이든 한국인이든 기억하고 진실을 밝혀야 하는 일이니까요."

내 의지를 밝혔다. 아빠가 천천히 고개를 끄덕였다.

그날 오후에 독일로 출장 갔던 엄마가 돌아왔다.

"우리 아들, 잘 지냈지?"

엄마가 나를 폭 안아 주었다.

"보고 싶어서 그렇지, 히로시와 나는 잘 지냈으니 걱정하지 말아요. 히로시, 그렇지?"

아빠가 씨익 웃었다.

"이해해 줘서 고마워요. 건축사무소가 잘 운영되고 있는 것도 믿고 응원해 주는 덕분이에요."

엄마는 아빠에게 고마워했다.

나는 아라카와강 둑에서 아빠가 들려준 이야기가 생각났다. 실감 나지 않았다. 내 일 같지 않았다.

밤이 되어도 잠을 편히 잘 수 없었다. 내가 한국인 후손이라는 생각을 하다가도 일본인으로 돌아가 있었다.

'시간이 필요해.'

다른 건 몰라도 역사 앞에 일본인이든, 한국인이든 떳떳해야 한다는 건 확고했다. 그래서 다음 날, 간토대학살 진상규명 모임에 나갔다. 시차 문제도 있고 피곤할 테니 쉬라고 해도 엄마는 우리와 같이 가겠다고 했다.

일본인 모임 대표가 나와서 연설을 했다.

"제노사이드 즉, 집단학살 사건들은 인류에게 큰 고통과 상처를 남겼습니다. 조선인을 학살한 간토대학살도 그렇습니다. 정부는 책임을 인정하고 진실을 마주해야 합니다. 그리고 피해자들과 그들의 후손들에게 진심으로 사과해야 합니다. 과거를 무시하거나 왜곡하는 것은 상처를 더 키울 뿐입니다. 집단학살이 다시 발생하지 않도록, 국제 사회와 협력하여 강력한 법적 장치를 마련하는 데 힘쓰려고 합니다. 집단학살은 단순히 과거의 사건이 아니라, 모든 인류가 함께 기억하고 다시는 반복하지 않아야 할 역사입니다."

"옳습니다!"

참여자들이 동조했다.

이어서 간토대학살 희생자 후손이 나와서 울분을 토했다.

"일본 정부는 들어라! 일본 정부는 무수히 많은 생명과 꿈을 짓밟았다. 그들이 사랑했던 사람들, 그들이 이루고자 했던 희망, 그들이 꿈꾸었던 내일을 한순간에 빼앗았다. 그 죄는 절대 사라지지 않는다. 죄를 감추려 해도, 피해자들의 목소리는 대대손손 이어질 것이다. 묻어 두려 해도, 그들이 겪은 고통은 잊히지 않을 것이다. 일본 정부는 진심으로 사죄하고, 과거의 죄에 대해 책임지고, 진정한 회복과 화해의 길을 열어야 한다."

억울하게 희생된 조선인의 울분이 피부로 느껴졌다. 일본 정부가 꼭 들어야 할 말이었다.

그날 간토대학살과 같은 집단학살이 다신 일어나지 않도록 국제적으로 연대해서 관심을 가져야 한다는 의견이 나왔다.

"독일 정부는 나치 학살을 사죄하고 또 사죄해요. 부끄러운 역사를 반성하고 아이들에게도 제대로 교육하고 있어요."

간토대학살 진상규명 모임을 마치고 집에 오는 길에 엄마가 말했다.

엄마는 독일 정부의 사죄와 반성에 관해 얘기했다. 나치 시대의 유대인 학살과 2차 세계대전 때 저지른 전쟁범죄에 대해 지금까지도 계속 사과하는 독일 정부의 모습을 일본 정부가 배워야 한다고 했다.

"엄마 말이 맞아요. 간토대학살로 희생당한 수많은 사람에게 정부는 사죄하고 또 사죄해야 해요."

나도 엄마 말에 공감이 되었다. 낯선 일본에 와서 갖은 고생을 하다가 죽임을 당한 조선인 노동자들의 원통함을 어떻게 풀어 줄 수 있을까. 생각만 해도 가슴이 먹먹했다.

그날 밤, 증조할아버지 제사를 지냈다. 아빠는 향을 피우며 말했다.

"할아버지, 많이 억울하셨지요? 저도 자랄 때 조센징이라고 차별을 받아서 그 상처로 방황이 길었어요. 추모제를 보고서

야 정신 차렸어요. 이제 그 일은 후손들에게 맡기고 하늘에서 편히 쉬세요."

내게는 증조할아버지가 아빠에게는 할아버지라는 사실이 새삼스러웠다.

나는 향불 연기를 눈길로 좇았다. 희부연 연기 사이로 창녕 아저씨, 아니 증조할아버지가 흰 옷을 입고 대문을 나서고 있었다.

"증조할아버지, 얼마나 억울하면 혼령으로 찾아오셨을까요? 꿈에서라도 만나면 제가 먼저 알아볼게요. 간토대학살도 제가 기억할게요."

잔인한 학살 현장이 떠올라 눈시울이 붉어졌다.

다음 날, 날이 밝자 우리 집은 다시 바빠졌다. 엄마는 밀린 일로 늦게 퇴근하고 아빠는 일찍 집에 와도 기사 쓰느라 방에 있는 시간이 많았다. 나는 간토대학살 희생자들 추모제에 참석한 뒤, 역사책을 찾아 읽기 시작했다. 문득문득 증조할아버지가 가고 싶어 했던 고향이 궁금했다.

그날 퇴근한 엄마가 아빠에게 말했다.

"한국 서울에서 한옥의 온돌에 대한 세미나가 있는데, 어떻게 할지 고민이에요. 출장 갔다 온 지 얼마 안 돼 또 가려니 당신에게 미안해서요."

엄마 말에 내 머릿속에서 별이 반짝였다.

"저도 같이 가요. 증조할아버지 고향에 가 보고 싶어요."

"그럴까? 세미나가 주말이니 엄마는 세미나 참석하고 나와 히로시는 창녕에 가면 되겠네."

아빠도 좋아했다.

"그러면 고맙죠."

엄마가 환하게 웃었다.

우리 가족은 금요일 오후에 한국행 비행기를 탔다. 인천공항에 도착했을 때, 공항의 규모와 붐비는 사람들로 눈이 둥그레졌다. 눈부시게 발전한 대한민국의 한 부분을 눈앞에서 볼 수 있었다.

우리 가족은 인천공항 근처에 있는 숙소에서 자고, 다음 날 엄마는 세미나장으로 출발했다. 아빠는 한국에 왔으니 서울 구경을 하고 창녕에 가자고 했다. 우리가 간 명동은 사람들로 북적였다. 내 귀에 들리는 말소리로 추측건대, 내가 아는 나라 사람들은 다 있는 것 같았다.

나는 화려한 명동 거리를 구경하느라 정신이 없었다. 그때 어떤 아저씨가 마주 오는 사람과 부딪쳤다.

"정신을 얻다 두고 걷는 거냐?"

아저씨가 다그쳤다. 그 사람은 연신 허리를 굽혔다. 한국말을 모르는 외국인이었다.

"잘못했으면 사과해야지. 너, 한국말 몰라? 어디서 왔냐? 한국말도 모르면서 한국에 왔어?"

아저씨 말에 거드름이 배어 나왔다. 나는 그 모습을 보고만 있을 수 없었다.

"아저씨, 저분이 미안하다고 하잖아요."

"넌 뭐냐? 어서 가라."

아저씨가 눈을 부라렸다. 아빠가 나서려는데 대학생처럼 보이는 누나가 먼저 나섰다.

"아저씨, 함부로 대한 걸 사과해야겠어요. 아저씨는 해외 가실 때, 다른 나라 말 다 알아서 가시나요?"

누나가 야무지게 말하자, 아저씨 얼굴이 벌게졌다.

"넌 또 뭐냐? 이 사람 대변인이라도 되냐?"

"제 말은 억울하게 대우받는 사람들이 없어야 한다는 거예요."

누나 목소리는 무척 차분했다.

"허 참, 명동에서 똥 밟았네. 너, 앞 잘 보고 걸어라!"

아저씨는 상대 얼굴을 손가락으로 가리키며 훈계했다. 그 상황에서도 그 사람은 허리를 굽혔다. 둘이 각자 가던 길을 가자, 모여 있던 사람들도 흩어졌다.

나는 멀어지는 두 사람을 보며 1923년 간토대학살 때, 조선인을 구분하기 위해 15엔 50전을 해 보라고 했던 자경단의

모습이 떠올랐다. 가슴이 저렸다.

이제 창녕으로 갔다. 창녕은 경상남도 북쪽에 있으며, 쌀, 보리를 주로 생산하고 있었다. 양파와 땅콩이 유명하다는 것도 알게 되었다. 창녕군청을 지날 때 아빠는 증조할아버지에 대해 알아보기 위해 평일에 다시 와야겠다고 했다.

나는 창녕 거리를 걸으면서, 창녕의 하늘을 보면서, 식당에 들어가 밥을 먹으면서 창녕을 느껴 보려고 했다. 이곳은 증조할아버지가 그토록 그리워하던 고향이었다. 순간순간 울컥해서 가만가만 눈을 꾹 눌러야 했다.

조선 아저씨들이 고향을 그리워하며 부른 아리랑이 잔상으로 맴돌아서 불러 보았다.

"아리랑 아리랑 아라리요. 아이랑 고개를 넘어간다. 날 버리고 가시는 임은…."

아빠도 따라 불렀다.

"십 리도 못 가서 발병 난다. 아리랑 아리랑 아라리요…."

100년 전 헛소문이 진실인 양 퍼져서 수많은 조선인이 희생당한 간토대학살! 그 중심에 일본군, 경찰, 자경단이 있었다. 일본 정부의 침묵과 부인으로 아직도 진실이 밝혀지지 않고 있다. 일본 정부가 진정으로 사죄할 때까지 간토대학살의 진상을 밝혀야 한다. 이제 그 일이 우리 후손의 일이다. 내 가슴에 심지 하나가 불을 밝히고 있었다.

작가의 말

학창 시절 역사 시간에 '우물에 독을 탔다'는 유언비어로 수많은 조선인이 희생된 간토(관동)대학살을 접했다. 어처구니없는 사실에 울분이 솟았지만, 그때는 깊이 생각하지 못했다. 이번에 다시 간토대학살에 관해 알아 가면서 무척 마음이 아팠다.

1923년 9월 1일, 진도 7.9의 대지진이 일본을 덮쳤고, 시민들은 정부를 믿지 못한 채 두려움에 떨었다. 혼란을 수습하지 못한 일본 정부는 책임을 떠넘기려고 조선인에게 시선을 돌렸다. 그리고 '조선인이 우물에 독을 탄다, 조선인이 독이 든 만두를 나눠 준다, 여성을 습격한다'는 등의 가짜 뉴스를 퍼뜨렸다. 삽시간에 퍼진 가짜 뉴스로 일본군과 경찰, 자경단은 아무 죄 없는 조선인들의 목숨을 빼앗았다.

나라 잃은 백성으로 힘없이 희생될 수밖에 없었던 수많은 조선인의 영혼을 어떻게 위로할 수 있을까. 일본 정부는 지금까지 그 사실을 숨기려고만 했다. 버젓이 자행된 집단학살에 대해 일본 정부는, 이 같은 일이 다시는 일어나지 않도록 분명하게 책임지고, 진심으로 사과해야 한다. 잘못을 숨기려고 할수록 일본은 세계 평화를 저버리고, 신뢰를 잃게 될 것이다.

역사는 바로 알고 잘못을 반성하지 않으면 반복된다. 임진왜란 또한 일본이 자국의 혼란을 조선으로 돌려 해결하려고 벌인 전쟁이다. 이런 사실을 통해 우리는 역사를 바르게 기억하고, 절대로 잊지 말아야 함을 깨닫게 된다.

죽은 이들의 권리를 기억하지 못하는 사회는 살아 있는 이들의 권리도 지킬 수 없다. 오늘을 사는 우리 모두, 역사가 올

바르게 흐르고 있는지 주의 깊게 살펴야 한다. 이것이 우리 시대가 짊어진 소명이다.

  이 역사 동화가 가짜 뉴스와 혐오로 억울하게 희생된 조선인들의 아픔을 기억하고, 참혹한 역사가 되풀이되지 않도록 성찰하는 주춧돌이 되기를 바란다.

풀무로에서

함영연

내일을여는어린이 시리즈는 주제 의식이 담긴 동화만을 엄선해 펴냅니다. 의미와 재미가 담긴 동화를 보며, 아이들이 사고력을 키우고 편견과 이기심에서 벗어나 바른 사람으로 자라나기를 바랍니다.

01 보신탕집 물결이의 비밀
개고기 먹어도 될까? 안 될까?
강다민 글 | 수리 그림 | 146쪽
아침독서 추천도서

02 핵발전소의 비밀 문과 물결이
상상초월 핵발전소 이야기
강다민 글 | 강다민·조덕환 그림 | 126쪽
세종도서 문학나눔 선정도서 / 아침독서 추천도서

03 행복을 파는 행운 시장
두 동네 아이들이 만들어 가는 아름다운 행복!
안민호 글 | 박민희 그림 | 132쪽
우수출판콘텐츠 선정도서 / 아침독서 추천도서

04 땅에 사는 아이들
내가 사는 이 땅의 주인은 누구일까?
정세언 글 | 지혜라 그림 | 164쪽
아침독서 추천도서 / 출판저널 이달의 책 선정도서
학교도서관사서협의회 추천도서

05 사라진 슬기와 꿀벌 도시
자연과 인간의 평화로운 공존을 꿈꿔요!
임어진 글 | 박묘광 그림 | 160쪽
출판콘텐츠 창작지원사업 선정작 / 아침독서 추천도서
읽어주기 좋은 책 선정도서 / 한국학교사서협회 추천도서
학교도서관사서협의회 추천도서

06 동물원 친구들이 이상해
생명의 소중함과 자유와 행복의 의미를 생각해 봐요!
고수산나 글 | 정용환 그림 | 184쪽
출판저널 이달의 책 선정도서 / 아침독서 추천도서
한국학교사서협회 추천도서
학교도서관사서협의회 추천도서

07 돼지는 잘못이 없어요
인간을 위해 다른 동물의 생명을 빼앗아도 되나요?
박상재 글 | 고담 그림 | 148쪽
환경부 '2018년 우수환경도서' / 전국사서협회 추천도서
한국학교사서협회 추천도서 / 한국글짓기지도회 추천도서

08 개성공단 아름다운 약속
남북이 함께 만들어 간 평화의 상징.
개성공단으로 어린이 체험단이 떴다!
함영연 글 | 양정아 그림 | 134쪽
한국문화예술위원회 문학 나눔 선정도서 / 아침독서 추천도서
한국학교사서협회 추천도서 / 한국글짓기지도회 추천도서

09 죽을 똥 살 똥
똥이 밥이 되고 밥이 똥이 되면 우리도 살고 자연도 살아요!
안선모 글 | 안성하 그림 | 160쪽
한국학교사서협회 추천도서

10 우리들끼리 해결하면 안 될까요
친구와 다툼이 일어났을 때, 어떻게 해야 할까?
박신식 글 | 김진희 그림 | 137쪽
소년한국 우수 어린이 도서 / 한국학교사서협회 추천도서
한국글짓기지도회 추천도서 / 북토크 선정도서

11 백 년 전에 시작된 비밀
친일파, 독립운동가, 재일조선인 후손들의 우정과 역사 이야기
강다민 글·그림 | 136쪽
한국문화예술위원회 문학 나눔 선정도서
읽어주기 좋은 책 선정도서 / 고래가슴쉬는도서관 추천도서
한국학교사서협회 추천도서 / 학교도서관사서협의회 추천도서

12 3·1운동, 그 가족에게 생긴 일
평범한 소녀 우경이네 가족의 삶을 바꾼 만세운동
고수산나 글 | 나수은 그림 | 133쪽
고래가슴쉬는도서관 추천도서 / 한국학교사서협회 추천도서
학교도서관사서협의회 추천도서

13 나를 쫓는 천 개의 눈
CCTV와 휴대폰 카메라, 드론은 안전을 위한 것일까,
감시와 통제를 위한 것일까?
서석영 글 | 주성희 그림 | 129쪽
소년한국 우수 어린이 도서 / 한국학교사서협회 추천도서
부산광역시교육청 공공도서관 추천도서
학교도서관사서협의회 추천도서

14 나와라, 봉벤져스!
마음이 움직이는 진짜 봉사와 상을 타기 위한 가짜 봉사
김윤경 글 | 김진희 그림 | 138쪽
아침독서 추천도서 / 학교도서관사서협의회 추천도서
한국학교사서협회 추천도서

15 가짜 뉴스를 시작하겠습니다
가짜뉴스는 어떻게 만들어지며 퍼지고,
어떤 결과를 가지고 오게 될까?
김경옥 글 | 주성희 그림 | 140쪽

세종도서 교양부분 선정도서 / 아침독서 추천도서
고래가숨쉬는도서관 추천도서 / 한국학교사서협회 추천도서
학교도서관사서협의회 추천도서 / 북토큰 선정도서

16 아홉 살 독립군, 뾰족산 금순이
실화를 바탕으로 한 만주 지역 어린이 독립군 이야기
함영연 글 | 최현지 그림 | 132쪽

한국문화예술위원회 문학 나눔 선정도서
한국학교사서협회 추천도서 / 학교도서관사서협의회 추천도서
책씨앗 좋은책고르기 초등교과연계 추천도서

17 내 말 한마디
무심코 던지는 내 말은 어떤 힘이 있고 어떤 영향을 미칠까?
김경란 글 | 양경아 그림 | 132쪽

한우리 열린교육 추천도서 / 소년한국 우수 어린이 도서
고래가 숨쉬는도서관 추천도서 / 경기도사서서평단 추천도서
책씨앗 좋은책고르기 초등교과연계 추천도서
학교도서관사서협의회 추천도서 / 한국학교사서협회 추천도서

18 소녀 애희, 세상에 맞서다
굳은 신념을 위해 세상과 맞선 진정한 삶의 가치에 대한 고민
장세련 글 | 이정민 그림 | 137쪽

한국학교사서협회 추천도서 / 학교도서관사서협의회 추천도서

19 석수장이의 마지막 고인돌
개인의 욕심을 채우려는 권력과 그 권력에 희생된 개인의 선택
함영연 글 | 주유진 그림 | 152쪽

우수출판콘텐츠 선정도서 / 고래가숨쉬는도서관 추천도서
읽어주기 좋은 책 선정도서 / 한국학교사서협회 추천도서
학교도서관사서협의회 추천도서 / 한국아동문학상 수상

20 당신의 기억을 팔겠습니까?
인권과 자본, 민영화의 그늘을 알려 주는 동화
강다민 글 | 최도은 그림 | 144쪽

출판콘텐츠 창작 지원 사업 선정도서 / 읽어주기 좋은 책 선정도서
책씨앗 좋은책고르기 초등교과연계 추천도서
학교도서관사서협의회 추천도서 / 한국학교사서협회 추천도서

21 파랑 여자 분홍 남자
나다움을 찾는 길, 성인지 감수성
김경옥 글 | 홍찬주 그림 | 144쪽

책씨앗 좋은책고르기 초등교과연계 추천도서

22 여우가 된 날
붉은 여우와 사람이 함께 평화롭게 사는 세상을 위하여
신은영 글 | 채복기 그림 | 128쪽

한국문화예술위원회 문학 나눔 선정도서
책씨앗 좋은책고르기 초등교과연계 추천도서

23 기후 악당
우리가 기후 악당 이라고?
박수현 글 | 박지애 그림 | 136쪽

책씨앗 좋은책고르기 초등교과연계 추천도서

24 그건 장난이 아니라 혐오야!
이 세상에 당해도 되는 사람은 없어! 혐오는 나빠!
박혜숙 글 | 홍찬주 그림 | 144쪽

한국학교사서협회 추천도서 / 소년한국 우수 어린이 도서

25 함경북도 만세 소녀 동풍신
함경북도 만세 소녀 동풍신,
꺾이지 않는 의지로 일제와 맞서다
함영연글 | 홍지혜그림 | 96쪽

한국학교사서협회 추천도서

26 나만 없는 우리나라
나라를 버린 게 아니라 선택하는 사람, 난민
곽지현·최민혜·유미글 | 김연정그림 | 169쪽

소년한국일보 표지디자인 특별상 / 한국학교사서협회 추천도서

27 가만두지 않을 거야!
"잡히면 죽여 버린다고!" 왜 부들이는 자꾸만 화가 날까?
윤일호 글 | 정지윤 그림 | 141쪽

한국학교사서협회 추천도서

28 양심을 팔아요
양심이 있어야 사람다운 사람이지
신은영 글 | 조히 그림 | 108쪽

한국학교사서협회 추천도서

29 돌고래 라라를 부탁해
돌고래 라라와 미지의 교감 속에서 드러나는 돌고래의 진실
유지영 글 | 한수언 그림 | 136쪽

한국글짓기지도회 추천도서

30 내 동생들 어때?
우리는 진짜 동물들의 생명을 소중하게 여기고 있을까?
정진 글 | 최현지 그림 | 140쪽

한국글짓기지도회 추천도서
책씨앗 좋은책고르기 초등교과연계 추천도서

31 악플 숲을 탈출하라!
악플러, 익명의 인터넷 공간에 숨어
다른 사람을 괴롭히는 괴물, 나는 자유로울까?

신은영 글 | 김연정 그림 | 112쪽

한국학교사서협회 추천도서 / 소년한국 우수 어린이 도서
행복한 아침독서 추천도서 / 읽어주기 좋은 책 선정도서
한국글짓기지도회 추천도서 / 초등 4학년 2학기 국어 교과서 수록도서

32 일본군'위안부' 하늘 나비 할머니
전쟁범죄 없는 평화로운 미래를 함께 만들어요!

함영연 글 | 장경혜 그림 | 104쪽

소년한국 우수 어린이 도서 / 한국학교사서협회 추천도서
행복한 아침독서 추천도서
책씨앗 좋은책고르기 초등교과연계 추천도서

33 진짜 뉴스를 찾아라!
마대기와 이꽃비의 불꽃 튀는 뉴스 전쟁!

김경옥 글 | 주성희 그림 | 148쪽

중소출판사 출판콘텐츠 선정도서 / 한국학교사서협회 추천도서
고래가 숨쉬는도서관 추천도서
책씨앗 좋은책고르기 초등교과연계 추천도서
방정환 문학상 수상도서 / 행복한 아침독서 추천도서

34 내가 글자 바보라고?
난독증인 종이접기 천재

공윤경 글 | 김연정 그림 | 149쪽

한국학교사서협회 추천도서
책씨앗 좋은책고르기 초등교과연계 추천도서

35 표절이 취미
다른 사람의 창작물을 베끼려 한 탐희의 이야기

신은영 글 | 홍찬주 그림 | 108쪽

한국학교사서협회 추천도서
책씨앗 좋은책고르기 초등교과연계 추천도서
소년한국 우수 어린이 도서 / 고래가 숨쉬는 도서관 추천도서
행복한 아침독서 추천도서 / 책씨앗 초등 교과연계 추천 도서

36 내 친구는 내가 고를래
난 내가 좋아하는 친구랑 놀고 싶어

신미애 글 | 임나운 그림 | 148쪽

책씨앗초등교과연계 추천도서

37 상처사진기 '나혼네컷'
내 상처를 곰곰이 들여다보는 공간

박현아 글 | 김승혜 그림 | 112쪽

소년한국 우수 어린이 도서 / 한국학교사서협회 추천도서
책씨앗 초등 교과연계 추천 도서

38 온라인 그루밍이 시작되었습니다
온라인 그루밍의 덫에 빠지기 쉬운 아이들에게
지금 우리가 들려주어야 할 이야기

신은영 글 | 손수정 그림 | 140쪽

고래가 숨쉬는 도서관 추천도서 / 책씨앗 초등 교과 연계 추천 도서
한국학교사서협회 추천도서

39 환경돌과 탄소 제로의 꿈을
많은 생명과 함께 평화롭게 사는 우리의 미래를 위해
우리가 할 수 있는 것은 무엇일까?

최진우 글 | 서미경 그림 | 132쪽

읽어주기 좋은 책 선정도서 / 한국학교사서협회 추천도서

40 게임 체인저 : 기본소득
기후위기, 실업, 불평등, 성차별 문제를 고민하는 어린이들의
기본소득 대작전!

이선배 글 | 맹하나 그림 | 218쪽

41 지구를 지키는 패셔니스타
패스트 패션을 막을 수 있는 방법은?

안선모 글 | 주성희 그림 | 124쪽

고래가 숨쉬는도서관 추천도서 / 한국학교사서협회 추천도서
한국출판문화진흥재단 청소년 교양도서 추천도서

42 나는 나대로 살 거야
서로 차별하지 않고 동등하게

박혜숙 글 | 안혜란 그림 | 124쪽

43 무서운 집 재밌는 집 이상한 집
낯설고 신기한 존재들이 들려주는 집에 대한
의미 깊은 이야기 세 편!

강다민 글 | 곽지현 그림 | 144쪽

한국학교사서협회 추천도서

44 단단한 미래
세상 모든 왕따에게 보내는 단단한 마음과 작은 해방감

천둥 글 | 결 그림 | 140쪽

한국학교사서협회 추천도서

45 언니는 비건
다름을 이해하며 세상을 품어 나가는 이야기

곽지현 글 | 손수정 그림 | 120쪽